실무에 바로 쓰는

일잘러의 제안서 작성법

실무에 바로 쓰는
일잘러의 제안서 작성법

ⓒ 2024. 박서윤 All rights reserved.

1판 1쇄 발행 2024년 11월 29일

지은이 박서윤
펴낸이 장성두
펴낸곳 주식회사 제이펍

출판신고 2009년 11월 10일 제406-2009-000087호
주소 경기도 파주시 회동길 159 3층 / **전화** 070-8201-9010 / **팩스** 02-6280-0405
홈페이지 www.jpub.kr / **투고** submit@jpub.kr / **독자문의** help@jpub.kr / **교재문의** textbook@jpub.kr

소통기획부 김정준, 이상복, 안수정, 박재인, 송영화, 김은미, 배인혜, 권유라, 나준섭
소통지원부 민지환, 이승환, 김정미, 서세원 / **디자인부** 이민숙, 최병찬

기획 및 진행, 교정·교열 나준섭 / **표지 및 내지 디자인** 다람쥐생활
용지 에스에이치페이퍼 / **인쇄** 한승문화사 / **제본** 일진제책사

ISBN 979-11-93926-77-2 (13000)
책값은 뒤표지에 있습니다.

※ 이 책은 저작권법에 따라 보호를 받는 저작물이므로 무단 전재와 무단 복제를 금지하며,
이 책 내용의 전부 또는 일부를 이용하려면 반드시 저작권자와 제이펍의 서면 동의를 받아야 합니다.
※ 잘못된 책은 구입하신 서점에서 바꾸어 드립니다.

제이펍은 여러분의 아이디어와 원고를 기다리고 있습니다. 책으로 펴내고자 하는 아이디어나 원고가 있는 분께서는
책의 간단한 개요와 차례, 구성과 지은이/옮긴이 약력 등을 메일(submit@jpub.kr)로 보내 주세요.

실무에 바로 쓰는

일잘러의 제안서 작성법

박서윤 지음

제안서부터 프레젠테이션까지
치열한 경쟁에서 승리하기 위한 실전 가이드

※ 드리는 말씀

- 이 책에 등장하는 회사명, 제품명은 일반적으로 각 회사의 등록 상표(또는 상표)이며, 본문 중에는 ™, ⓒ, ® 마크 등을 생략하고 있습니다.
- 이 책은 지은이가 조사한 결과를 바탕으로 집필되었습니다.
- 책 내용과 관련된 문의사항은 지은이 혹은 출판사로 연락해 주시기 바랍니다.
  - 지은이: ask@ptstandard.co.kr
  - 출판사: help@jpub.kr

차례

한눈에 보는 일잘러의 제안서 작성법 • 008
들어가며 • 010

1장

제안서, 우선 제대로 알고 씁시다 • 011
제안서는 비용이 다가 아니다 • 012
제안서는 고객사의 니즈를 담아야 한다 • 014
제안서는 보고서와 다르다 • 015
제안서는 경쟁사보다 뛰어나야 한다 • 017
제안서의 답은 고객사에 있다 • 019

좋은 제안서를 만드는 4가지 요소 • 021
첫 번째, 빼기: 빼야만 완성할 수 있다 • 022
두 번째, 팀워크: 제안서는 개인기가 아니다 • 026
세 번째, 아이디어: 아이디어는 힘을 합쳐야 나온다 • 027
네 번째, 가치: 고객사는 제안서로 가치를 판단한다 • 030

2장

3장

제안서의 주인공은 고객사다 • 033
고객사가 듣고 싶어 하는 말을 찾아라 • 034
고객사를 알아야 제대로 된 제안서가 나온다 • 038
고객사 ≒ 심사위원 • 040

< 차례

4장
차별화된 전략을 제시하라 • 043
차별화된 전략 도출을 위한 전략적 사고 • 044
차별화된 제안서를 위한 5가지 요소 • 048
부록 | 회사소개서를 복붙하지 마세요 • 072

5장
구조화부터 시작하라 • 073
구조화가 먼저다 • 074
논리의 뼈대가 되는 목차 작성하기 • 074
빈틈없는 논리가 구조화를 완성한다 • 076
근거 없이는 제안도 없다 • 083

6장
고객사를 위한 제안서를 써라 • 089
핵심부터 전달하는 두괄식 구성 • 090
헤드 메시지에서 잊어서는 안 되는 3가지 요소 • 093
페이지 하나에 메시지 하나 • 096
전문 용어는 전문성을 보장하지 않는다 • 098
제안서의 가독성을 높이는 4가지 요소 • 099

7장
디자인보다 메시지에 집중하라 • 105
제안서 디자인은 목적이 다르다 • 106
디자인을 완성하는 폰트와 컬러 • 115
메시지를 직관적으로 전달하는 시각 자료 • 120
부록 | 미리 알아 놓으면 좋은 파워포인트 기능 • 126

8장 첫인상이 모든 것을 결정한다 • 131
프레젠테이션은 준비부터가 시작이다 • 132
첫인상을 결정하는 1분 • 138
눈길을 사로잡는 오프닝 • 140
비언어도 커뮤니케이션이다 • 143
부록 | 대본을 써야 한다면 기억해야 하는 것 • 149

9장 전문가처럼 말하는 4가지 요소 • 151
첫 번째, 전문가는 스토리를 전달한다 • 152
두 번째, 전문가는 메시지에 집중한다 • 153
세 번째, 전문가는 간결하게 말한다 • 154
네 번째, 전문가는 기본에 충실한다 • 161

10장 끝날 때까지 끝난 것이 아니다 • 171
돌발 상황을 슬기롭게 대처하는 자세 • 172
질의응답도 프레젠테이션이다 • 175
한발 더 나아가는 자세가 필요하다 • 180

찾아보기 • 181

⟨ 한눈에 보는 일잘러의 제안서 작성법

1장 — **제안서, 우선 제대로 알고 씁시다**
제안서는 단순히 비용이 아닌, 고객사의 니즈를 파악하고, 이에 집중한 구체적이고 차별화된 전략이 담겨야 합니다.

2장 — **좋은 제안서를 만드는 4가지 요소**
좋은 제안서는 회사 자랑이 아닌, 고객사의 문제를 해결하는 구체적인 전략을 담아야 합니다. 고객사 맞춤형 솔루션과 신뢰성 있는 데이터로 차별화된 제안서를 만들어야 합니다.

3장 — **제안서의 주인공은 고객사다**
제안서는 고객사의 문제를 해결하는 데 집중해야 합니다. 고객사가 듣고 싶어 하는 말을 찾아서 고객사의 고민을 해결할 수 있는 방법을 구체적으로 보여줘야 합니다.

4장 — **차별화된 전략을 제시하라**
차별화된 제안서는 고객사의 니즈에 맞춘 전략적 사고로 시작됩니다. 경쟁사를 이길 수 있는 창의적인 해결책을 제시해야 합니다.

5장 — **구조화부터 시작하라**
제안서는 철저히 구조화부터 시작해야 합니다. 구조화를 통한 논리적인 흐름과 간결한 메시지는 제안서를 돋보이게 합니다. 구조화된 제안서는 고객사가 이해하기 쉽고, 설득력이 높아집니다.

6장 | 고객사를 위한 제안서를 써라

제안서의 주인공은 고객사입니다. 고객사의 입장에서 문제를 해결하고 가치를 더할 수 있는 내용을 강조하세요. 제안서는 언제나 고객사의 입장에서 써야 합니다.

7장 | 디자인보다 메시지에 집중하라

화려한 디자인보다는 전달하고자 하는 메시지에 초점을 맞춰야 합니다. 명확한 메시지가 심사위원의 눈길을 사로잡습니다. 메시지의 힘은 단순 명료함에서 나옵니다.

8장 | 첫인상이 모든 것을 결정한다

첫인상이 프레젠테이션의 성패를 좌우합니다. 강렬한 첫인상으로 심사위원을 사로잡으세요. 첫인상을 놓치면 아무리 좋은 내용도 빛을 잃고 맙니다.

9장 | 전문가처럼 말하는 4가지 요소

전문가는 항상 청중의 입장에서 생각하고 말합니다. 효과적인 프레젠테이션은 결론부터 시작하고, 핵심을 간략하게 전달하는 것이 중요합니다.

10장 | 끝날 때까지 끝난 것이 아니다

프레젠테이션 중 돌발 상황에 대비하고, 예상 질문 리스트를 준비해 질의응답 시간을 완벽하게 마무리하세요. 마지막 순간까지 여유를 가지고 대응하는 것이 성공의 열쇠입니다. 예측하지 못한 상황에 대처할 때 진정한 실력이 드러납니다.

들어가며

제안서를 컨설팅하는 일을 한다고 하면 많은 분이 생소해하십니다. 제안 컨설팅을 생소하게 생각하는 분들이 많은데, 제안은 누군가와 연결되는 모든 비즈니스를 의미합니다. 지금도 우리 사회 곳곳에서 제안이 이뤄지고 있죠. 사회 구성원 간 경쟁이 치열해지면 치열해질수록 선택받기는 더욱 어려워지니, 제안은 점차 기업에서 필요로 하는 주요 능력이 되어 가고 있습니다.

하지만 제안을 제대로 배울 수 있는 곳이 없습니다. 수주 현장은 전쟁터를 방불케 합니다. 일일이 교육할 여유가 없죠. 저 역시 현장에서 직접 부딪히며 제안서 작성과 프레젠테이션을 배웠습니다. 저를 키운 8할은 실패를 통한 배움이었죠. 제안에 실패했을 때 어떤 부분이 부족했는지, 성공한 업체의 전략은 무엇이었는지를 분석하고, 그 내용들을 기록하기 시작했습니다.

이런 저의 경험을 바탕으로 제안 능력을 키우고 싶은 분들에게, 그 방법을 친절히 안내하는 지침서가 되기를 바라며 제안서 담당자가 짧은 시간 동안 효율적으로 제안을 준비할 수 있도록 내용을 구성했습니다. 제안서 제출과 프레젠테이션이 막막한 분들에게 이 책이 길라잡이가 되길 바랍니다.

10여 년간 저를 믿고 함께 해 주시는 고객사와 수주의 기쁨을 전해 주신 담당 PM님들, 함께 성장하는 보람을 느끼게 한 교육생분들에게도 이 자리를 빌려 감사 인사를 드립니다. 지금도 치열하게 경쟁입찰에 참여하시는 모든 분을 응원합니다. 이 책이 제안서를 쓰는 데 새로운 시작과 자신감을 얻을 수 있는 계기가 되기를 바랍니다.

1장
제안서, 우선 제대로 알고 씁시다

📝 제안서는 비용이 다가 아니다

"에이 제안서는 별로 안 중요해요. 비용이 제일 중요해요. 저희가 비용이 제일 낮으니까 웬만하면 될 거예요."

담당자가 자신 있게 말했지만 결과는 탈락이었습니다. 무엇이 문제였을까요? 제안서에 명확한 목적 없이 오로지 비용만 있었기 때문이었습니다. 물론 비용은 중요합니다. 내 집을 지어 줄 업체를 찾는다고 생각해 볼까요? A 업체는 1억 원, B 업체는 1억 2,000만 원으로 집을 지어 준다고 했을 때, 1억 원을 제시한 A 업체는 유리한 선상에서 시작합니다. 여러분의 선택과 가까워지는 것이죠.

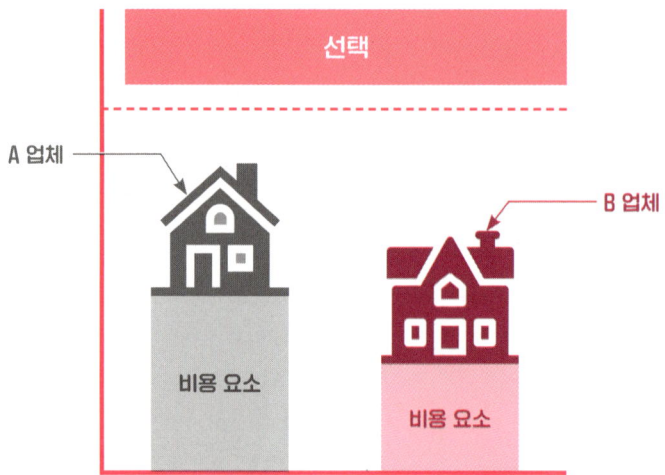

하지만 비용 외 요소를 무시할 수 없겠죠. 내 집을 허투루 지을 수는 없으니, 비용 외 요소를 객관적으로 따져 봐야 합니다. 내가 원하는 디자인인지, 좋은

자재를 사용하는지, 업체의 실력은 검증되었는지 등을 말이죠. 업체부터 인테리어 도면까지 꼼꼼히 분석했을 때, 업체들이 제시한 모든 조건이 비슷하다면 당연히 낮은 가격을 제시한 A 업체를 선택하는 것이 이익입니다.

하지만 조건이 다르다면 어떨까요? B 업체가 제시한 비용 외 요소가 여러분 마음에 든다면, B 업체가 다소 높은 비용을 제시했다 해도 B 업체를 선택할 이유는 충분합니다.

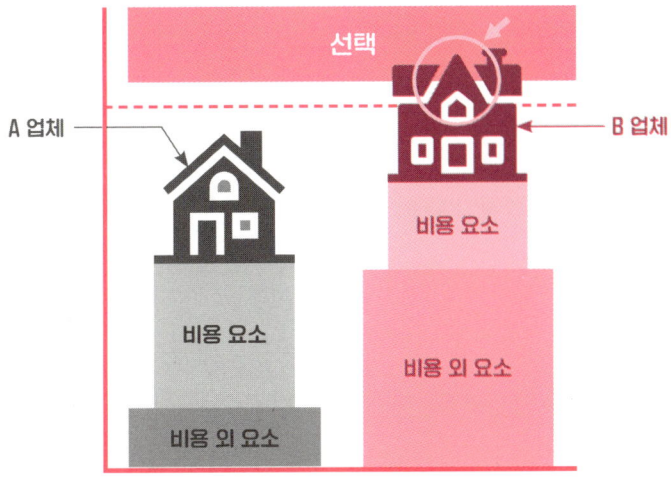

제안서도 마찬가지입니다. 제안서는 비용이 전부가 아닙니다. 고객사가 제안서를 검토할 때는 비용은 물론이고, 비용 외 요소를 꼼꼼히 살펴보기 때문입니다. 그러니 고객사의 선택을 받기 위해서는 여러분의 제안서에 비용 외 요소를 충분히 담아야 합니다. 그렇다면 제안서에 담아야 하는 비용 외 요소는 무엇일까요?

📝 제안서는 고객사의 니즈를 담아야 한다

경쟁입찰이 시작되면 대기업과 중소기업이 경쟁하는 경우가 많습니다. 아무래도 내부 역량, 인력, 인프라, 브랜드 인지도, 규모 등에서 차이가 나다 보니 중소기업은 경쟁입찰이 시작하기도 전에 의기소침할 수밖에 없죠. 하지만 제가 많은 경쟁입찰에 참여하며 알게 된 사실은 경쟁입찰에서 모든 중소기업이 대기업에게 밀리는 것은 아니라는 점입니다. 제안서에 고객사의 니즈를 담으면, 분명 중소기업도 대기업을 제치고 경쟁입찰에서 승리할 수 있습니다.

큰 입찰에 참여하려는 중소기업의 제안서 컨설팅에서 있었던 일입니다. 입찰에 참여하기 전에 열린 회의에서 한 임원 분은 '대기업과 공정하게 경쟁할 수 있는 방법은 제안서밖에 없다'며 이미 여러 입찰에서 떨어진 만큼 이번에는 정말 제대로 준비해 보고 싶다고 하시더군요.

저희는 경쟁입찰을 진행하는 고객사가 파격적인 아이디어를 선호한다고 분석하고, 이에 맞춘 '파격적인' 제안서를 작성해 고객사의 니즈를 맞추고자 했습니다. 그렇게 만들어진 파격적인 제안서 덕분에 기업은 경쟁입찰에서 상위 4개 업체로 선정되었고, 제안 프레젠테이션의 기회를 얻을 수 있었습니다. 그리고 프레젠테이션 후 경쟁입찰을 진행한 고객사 임원에게 난생 처음 듣는 피드백을 받았습니다.

100점짜리 제안입니다.
왜 우리 직원들은 이런 제안을 할 수 없는지 아쉽습니다.

가슴 벅찬 칭찬과 함께, 대기업을 제치고 사업을 수주할 수 있었던 것은 무엇보다 고객사의 니즈를 담은 파격적인 제안서가 큰 힘을 발휘했기에 가능했습니다. 제안서를 잘 쓴다는 것은 글을 작가처럼 쓴다는 것이 아닙니다. 제안서를 잘 쓰기 위해서는 고객사의 니즈를 정확히 파악하고, 그에 맞는 제안을 담을 수 있어야 합니다.

제안서는 보고서와 다르다

5년을 함께한 고객사와 제안서 컨설팅을 앞둔 킥오프 미팅 Kickoff Meeting 날이었습니다. 이 자리에는 처음 뵙는 담당자가 있었는데요, 따로 인사하는 자리에서 담당자는 제안서 작성의 어려움을 털어놓았습니다.

> **실무 노트**
>
> 킥오프 미팅이란 새로운 프로젝트를 시작할 때 프로젝트에 참여하는 모든 인원이 참석하는 첫 번째 회의를 말합니다.

담당자는 입사 4년 차에 법인 영업 부서로 이동하게 되면서 매일 제안서와 씨름 중이었습니다. 평소 보고서 작성에는 자신이 있었지만, 보고서와 제안서는 너무 달랐기 때문이었죠. 하지만 아무도 제안서 작성법을 알려 주지 않아 야근을 밥 먹듯 하고 있다고 했습니다. 이번 기회에 제대로 배워 제안서를 잘 쓰고 싶다는 담당자의 말에서 진심이 느껴졌습니다.

이 이야기의 담당자처럼 '제안서를 잘 쓰고 싶다'는 고민을 가진 분들이 많을 텐데요, 제안서를 잘 쓰고자 한다면 우선 제안서를 제대로 이해해야 합니다.

☑ 제안서는 B2B 문서다

제안서는 B2B 문서입니다. 이를 이해하기 위해서는 우선 B2B를 알아야 합니다. B2B^{Business to Business}는 기업과 기업 사이의 거래를 의미합니다. 소비자를 대상으로 하는 B2C^{Business to Customer}에 비해 타깃이 적죠. 하지만 과정이 길고 복잡해 전문성을 요하고 계약 규모가 크며 계약 기간이 깁니다. 대개의 B2B 계약은 일단 입찰에 성공하면, 꾸준히 거래를 유지할 수 있다는 장점이 있죠.

> ✏️ **실무 노트**
>
> 기업과 기관에서 적당한 상대방을 임의로 선택하는 수의계약보다 경쟁입찰을 선호하는 이유는 경쟁입찰에 참여한 기업들이 제시하는 다양한 솔루션을 검토하고, 적절한 가격에 선택할 수 있기 때문입니다.

☑ 제안서는 긴 호흡의 문서다

제안서는 긴 호흡의 문서입니다. 보고서가 회사에서 생기는 이슈를 빠르게 반영하는 짧은 호흡의 문서라면, 반대로 제안서는 계약 기간, 그룹사의 사업장 등 담아야 할 내용을 담다 보면 분량이 많아지는 경우가 많습니다. 심지어는 몇백 장이 넘는 '책'을 제출하기도 하죠.

> ✏️ **실무 노트**
>
> 최근에는 제안서 기준 쪽수를 두고, 이를 초과하는 경우 감점하기도 합니다.

📝 제안서는 수정할 수 없다

제출한 제안서는 수정할 수 없습니다. 제출한 제안서에서 실수를 발견했다 해도, 제출한 그대로 평가를 받아야 합니다. 이처럼 제안서는 작은 실수가 회사의 이미지와 직결되기 때문에 무거운 책임감을 가지고 작성해야 합니다.

경쟁입찰은 서류, 제안서, 프레젠테이션 등 준비할 것이 많아 공고가 뜨고 나서 준비하기 시작하면 시간이 부족합니다. 그래서 저는 만나는 담당자들에게 경쟁입찰이 뜸한 '제안 비수기'에 제안서 업데이트, 제안서 작성 교육 등 가능한 미리 제안서를 준비하라고 조언드리는 편입니다. 먼저 준비한 회사일수록 실수를 줄일 수 있겠죠.

📝 제안서는 경쟁사보다 뛰어나야 한다

경쟁입찰에서 제안서 평가는 보통 상대평가로 진행합니다. 그 이유는 고객사 입장에서 제안서가 사업 파트너를 선택할 수 있는 객관적 지표이기 때문입니다.

> 🖊️ **실무 노트**
>
> 제안서 평가는 상대평가로 이루어지기 때문에 다른 경쟁사 간 차이가 극명하다는 특징이 있습니다.

그렇다면 여기서 말하는 사업 파트너는 어떤 회사일까요? 대기업, 좋은 비용을 제시한 회사, 입찰 경험이 풍부한 회사 등 고객사마다 다양한 기준이 있습니다. 하지만 제 경험에 비추어 보았을 때 많은 고객사가 선호하는 최적의 사업 파트너는 우리 회사와 '잘 맞는 회사'입니다.

그러므로 제안서에는 여러분이 고객사와 얼마나 잘 맞는 회사인지를 강조해야 합니다. 고객사 분석을 통해 고객사가 중요하게 생각하는 부분을 파악하고, 이 문제를 해결할 능력이 충분하다는 것을 제안서에 구체적으로 기재할 수 있어야 경쟁입찰에서 승리할 수 있으니까요.

맞아, 바로 이런 기업을 찾고 있었어!

제안서를 작성할 때 '좋은 평가를 받자'는 목표에서 멈추면 안됩니다. 하지만 대부분의 기업이 좋은 평가를 받아야 한다는 '목표'만 생각하는 경우가 많습니다.

제안서를 작성하기 전, 목표가 아니라 확실한 목적을 가져야 합니다. 목표와 목적은 분명 다른 단어입니다. 목표는 도달하려는 실제적인 대상 또는 도달해야 하는 지점을, 목적은 일을 이루려는 이유나 의도, 방향 등을 의미합니다. '10kg을 감량하겠다'면 10kg 감량은 목표에 불과하고, 목표를 이루고자 하는 진짜 목적은 '건강'이 될 수 있습니다.

목표	목적
10kg 감량	건강해지기 위해서

제안서를 작성할 때도 마찬가지입니다 '좋은 평가를 받겠다'는 목표에서 멈추시면 안됩니다. '경쟁사보다 우리 회사가 더 뛰어나다는 사실을 알리기 위해'와 같은 궁극적인 목적을 제안서에 담을 수 있어야 경쟁사보다 더 좋은 평가를 받을 수 있습니다.

목표	목적
좋은 평가	경쟁사보다 우리 회사가 더 뛰어나다는 사실을 알리기 위해서

제안서의 답은 고객사에 있다

여러분이 중요한 일을 맡길 파트너사를 찾는다고 생각해 보세요. 업체들에게 제안서를 받아 보았는데, 한 업체는 누구나 제안할 법한 뻔한 제안서를 가져왔고, 다른 업체는 여러분이 원하는 답을 담은 '맞춤형 제안서'를 가져왔습니다. 어떤 업체를 선택하시겠습니까?

제안서에 명확한 답이 없을 수밖에 없는 이유는 제안서의 답이 상대방의 상황에 달려 있기 때문입니다. 사람마다 원하는 것이 모두 다른 것처럼 제안서도 고객사마다 필요와 고민이 모두 다를 수밖에 없는 것이죠. 분야에 따라 사업 내용이 비슷할 수는 있지만 똑같을 수는 없습니다.

무엇보다 고객사는 사업에 필요한 것을 명확하게 제시하고, 확실한 솔루션을 담은 제안서를 선택하고 싶어 합니다. 그러니 여러분도 상대방에게서 답을 찾기 위해 최선을 다해야겠죠.

✏️ **Memo**

2장
좋은 제안서를 만드는 4가지 요소

📝 첫 번째, 빼기: 빼야만 완성할 수 있다

제안서 제출을 하루 앞둔 A 팀과 B 팀은 밤샘 작업이 한창입니다. A 팀 팀장은 제출 직전까지 계속해서 추가 작업을 지시합니다. 수상 내역도 넣고, 인증 자료도 넣고, 다른 팀이 진행한 자료도 넣으라며 '더하기' 작업에 몰두합니다. 반면 B 팀 팀장은 며칠 전 이미 제안서 작업을 마무리했습니다. 제안요청서와 비교하며 불필요한 내용이나 중복되는 내용은 없는지, 전체적인 흐름을 보며 '빼기'를 진행합니다. 그렇게 A 팀보다 빠르게 제안서 작업을 마친 후, 프레젠테이션을 준비하고 있죠. 어느 팀의 결과가 좋을까요? 컨설팅 경험상 B 팀과 같은 스타일이 승률이 높았습니다.

많은 담당자가 이왕이면 제안서에 많은 내용을 담는 것이 유리하다고 생각합니다. 하지만 제안서의 본질은 핵심을 명확하게 전달하는 것입니다. 간결하게 작성하고 심사위원의 시간을 아껴 주면 좋은 평가를 받을 가능성도 높아지게 됩니다.

물론 담당자는 제안서의 모든 내용이 소중할 겁니다. 담당자와 제안서에서 필요한 내용만 남기다 보면, '이 장은 이래서, 저 장은 저래서 넣었으니, 꼭 필요하다'고 합니다. 그러다 보면 뺄 수 있는 장이 한 장도 없습니다. 그래도 반드시 빼야 하는 것들이 있습니다. 자랑으로만 느껴지는 장점, 제출했던 제안서의 내용, 화려한 장식, 애매모호한 표현, 회사 소개입니다.

📝 자랑으로만 느껴지는 장점

컨설팅을 하다 보면 회사의 장점을 나열하는 것이 제안서라고 생각하시는 분들이 많습니다. 심지어 대표님 이력이 들어가는 경우도 있는데요, 심사위원 입장에서 이런 건 장점으로 보이지 않겠죠. 제안서를 심사하는 입장에서 이런 제안서를 읽으면 어떤 느낌이 들까요? '그래서 어쩌라는 거지?'라는 물음표가 생깁니다. 제안서에서 가장 먼저 빼야 하는 것이 바로 우리 회사의 '자랑으로만 느껴지는 장점'입니다.

 저희 회사 대표님은 ○○ 협회 자문으로 활동하고 계십니다.

그래서 어쩌라는 거지?

📝 제출했던 제안서의 내용

제출한 제안서는 그걸로 끝입니다. 어떤 분들은 '내가 담당한 제안서 중 수주에 성공한 제안서는 재활용해도 되지 않냐'고 할 수 있습니다. 하지만 A 고객사에서 좋은 평가를 받은 제안서가, B 고객사에서 좋은 평가를 받는다는 보장은 없습니다. 제안서는 고객사에 완벽히 맞춰 작성해야 합니다. 그러니 성공한 제안서라 해도 제출했던 제안서는 재활용하지 말고, 고객사에 알맞은 제안서를 다시 작성하시기 바랍니다.

> ✏️ **실무 노트**
>
> 반대로 실패한 제안서는 복기해야 합니다. 때로는 성공보다 실패와 노력을 세세히 들여다보는 것이 더 도움이 됩니다. 경쟁입찰에서 실패했더라도 고객사의 질문과 피드백을 꼼꼼하게 적고, 그때 놓친 부분은 다시 보완하세요.

화려한 장식

강의를 갔다가 한 자료를 보고 놀란 적이 있습니다. 슬라이드마다 여러 색깔을 사용해 강조한 것도 모자라, 각종 도형 표시가 가득이었습니다. 그리고 각각의 슬라이드에는 애니메이션까지 구현되어 있었죠.

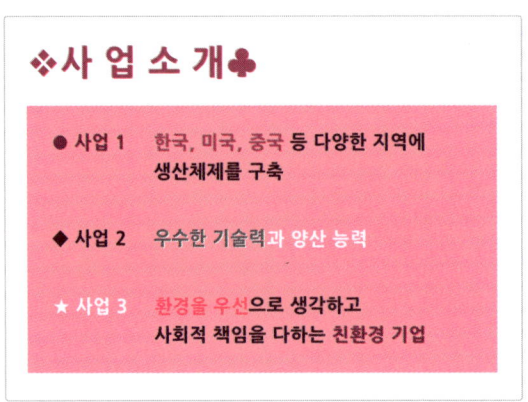

제안서에는 과도한 장식이 필요하지 않습니다. 너무 많은 강조는 강조가 없는 것과 마찬가지입니다. 예시처럼 모든 내용을 굵게 처리하거나, 색을 넣어 강조하면, 오히려 상대방은 강조를 느낄 수 없습니다. 강조는 정말 중요한 요소에 들어가야 돋보이고, 상대방이 그 내용에 집중할 수 있습니다.

애매모호한 표현

한 강사가 여러분에게 자신의 제안서 작성 강의를 선택해 달라고 제안합니다.

저는 여러분들이 제안서를 작성할 때 어떤 어려움이 있는지 너무 잘 알아요. 저는 제안서 작성 분야에서 제일 잘 나가는 강사예요. 저를 선택해 주세요.

강사가 제안서 강의를 잘하는지 느껴지시나요? 이해하기 어려울 겁니다. 말은 많은데 이상하게 아무것도 느껴지지 않죠. 다른 강사를 볼까요?

저는 삼성전자 사외 강사, 현대건설 제안서 코치로 10여 년 간 활동하고 있으며 제안서 컨설팅을 통해 80% 이상의 수주율을 기록하고 있습니다.

이렇게 이야기하면 구체적인 숫자들이 직관적으로 들어옵니다. 강사의 장점들이 일목요연하게 보이고 신뢰감이 가죠.

제안서에 최상급 표현이나 추상적인 형용사를 남용하고 있지는 않은지 살펴보세요. 모두 구체적인 명사로 대체해야 합니다. 애매모호한 표현은 피하고, 정확한 단어를 활용하는 것이 제안서의 신뢰도를 높이는 확실한 방법입니다.

회사 소개

제가 컨설팅한 기업 중 제안서에 회사 소개를 절반 이상 기입한 기업이 있었습니다. 제안서인지 카탈로그인지 헷갈릴 정도였죠. 제안서는 회사 소개를 위해 쓰는 문서가 아닙니다.

> **실무 노트**
> 저는 프레젠테이션 순서가 뒤거나, 심사위원들이 지루해 보이면 회사 소개를 맨 뒤로 보내 짧게 발표합니다. 그나마 집중력이 높을 때, 더 중요한 것부터 이야기하는 것이죠.

회사 소개는 고객사가 가장 관심 없어 하는 파트입니다. 왜 고객사는 회사 소개에 관심이 없을까요? 가장 대표적인 'I message'이기 때문입니다. 나의 고민을 상담하기 위해 친구를 만났는데 친구가 자랑만 늘어놓는다고 생각해 보세요. 다시는 그 친구를 부르지 않을 수 있습니다. 담당자가 제안서에 회사 소개를 늘어놓으면 겪게 될 상황일 수 있겠죠.

제안서를 평가할 때 회사 소개는 보통 정량평가로 대체하는 경우가 많습니다. 정량평가는 미리 결정된 기준을 바탕으로 점수를 주기 때문에 고객사가 제시하는 기준만 잘 맞추면 됩니다. 괜히 무언가를 더할 필요가 없습니다.

> **✎ 실무 노트**
>
> 정량평가의 배점이 높거나, 배점 차이가 크다면 고객사가 대기업을 선호한다고 볼 수 있습니다.

📝 두 번째, 팀워크: 제안서는 개인기가 아니다

경쟁입찰이 시작되면 제안서 준비 기간이 짧게 주어지는 경우가 많습니다. 그래서 제안서를 시간 안에 완성하기 위해서는 팀원 각자의 전문성을 살려 업무와 시간을 효율적으로 분배해야 하죠. 이때 필요한 것이 바로 PM-팀원-현장 담당자 간의 팀워크입니다.

PM은 Product Manager의 약자로 프로젝트를 기획하고 다른 부서와 협업해 전략을 짜는 핵심 직무입니다. 기업에 따라 제안 PM과 운영 PM으로 나누어지기도 합니다. 제안서 작성 프로젝트에서 PM은 고객사의 니즈 확인, 경쟁사 전략 파악, 일정 조율, 각 파트별 가이드라인 작성, 분량 조절 등 경쟁입찰의 모든 과정을 진두지휘합니다.

팀원은 PM의 지시에 맞춰 각자 맡은 파트를 작성합니다. 이때 팀원의 역할은 기자라고 생각하면 이해하기 쉽습니다. 기자들이 사건을 취재하고, 방송국에 영상을 전달하면, 그것들이 모여 오늘의 뉴스가 완성되는 것이죠.

> **✏️ 실무 노트**
>
> 팀원은 PM이 정해 놓은 가이드라인을 잘 따르고, 내용이 중복되지 않도록 지속적으로 공유해야 합니다. 간혹 내용이 중복되어 모두 다시 작성해야 하는 번거로운 일이 발생합니다.

마지막으로 현장 담당자는 현장에서 고객사에 대한 정보를 파악하고, 제안서에 이와 다른 내용이 있다면 즉각 팀에 공유합니다.

이렇게 각자의 위치에서 맡은 역할을 충실히 수행한다면 자연스럽게 팀워크를 발휘할 수 있습니다. 이렇게 쌓은 팀워크 경험이 제안서 수주로 이어진다면, 이후 입찰에서 또 다른 수주로 이어지는 자양분이 되기도 합니다.

PM	입찰의 모든 과정을 진두지휘
팀원	PM 지시에 맞춰 각자 맡은 파트 작성
현장 담당자	현장에서 고객사에 대한 정보 파악 및 공유

📝 세 번째, 아이디어: 아이디어는 힘을 합쳐야 나온다

좋은 아이디어를 위해 각기 다른 분야, 다른 직급의 담당자들이 모여 지적 시너지를 창출하는 것이 중요합니다. 여러 사람의 시선과 다양한 아이디어가 제안서를 더 풍부하게 하기 때문이죠. 물론 업계 수준이 상향 평준화되고, 경쟁이 치열해지면서 새로운 아이디어를 내는 것이 쉽진 않습니다. 새로운 아이디어를 도출하는 것이 어렵다면 이렇게 해 보세요.

작은 변화부터 시작하기

아이디어 회의를 앞두고 초조하고 불안했던 경험이 있으신가요? 매번 새로운 아이디어를 내는 건 부담스러운 일입니다. 제안서에 새로운 아이디어가 필요하다면 우선 작은 변화부터 시작해 보세요.

구내식당 품질 향상을 위한 아이디어를 내야 하는 경우, 메뉴 변화는 큰 변화입니다. 그리고 큰 변화를 위해서는 언제나 그에 상응하는 비용과 노력이 필요합니다. 하지만 일회용 앞치마, 머리끈 등을 준비해 고객 만족도를 높이는 것은 작은 변화죠. 메뉴를 바꾸는 일보다 쉬운 일입니다. 그리고 처음에는 일회용 앞치마, 머리끈일 뿐이지만 다음에는 식탁보, 냅킨꽂이, 바닥 청소 등 더 많은 아이디어로 확장할 수 있죠. 이러한 작은 변화야말로 아이디어를 키울 수 있는 출발점입니다.

경쟁사와 다르게 생각하기

펭귄에게는 독특한 습성이 있습니다. 펭귄 효과라 부르는 이 습성은 바다를 앞두고 주저하는 펭귄 무리 중, 맨 앞에 있는 펭귄 한 마리가 바다에 뛰어들면 뒤에 있던 나머지 펭귄들도 뒤따라 바다에 뛰어드는 것이죠. 이때 포식자가 있을지도 모르는 위험하고 불확실한 바다에 용기를 내 가장 먼저 뛰어드는 펭귄을 퍼스트 펭귄First Penguin이라고 말합니다. 경쟁입찰도 마찬가지입니다.

한 업체가 새로운 시도를 하면 그 아이디어는 업계에 빠르게 퍼집니다. 하지만 아무리 아이디어를 잘 가져왔다 해도, 처음 시도한 업체만 기억에 남습니다. 그래서 제안서 아이디어를 도출할 때는 경쟁사와 다른 키워드로 접근해야 합니다. 경쟁사가 하지 않았거나, 같은 내용이라 해도 경쟁사와 다르게 접근해야 심사위원의 머릿속에 남을 수 있습니다.

고객사의 예상과는 다르게 생각하기

경쟁입찰을 진행하다 보면 심사위원이 제안서를 기대하지 않는 경우도 많습니다. 회사명을 가리면 어느 회사 제안인지 구분이 안 될 정도로 비슷한 이야기를 하니까요.

대학교 광고를 수주하기 위한 경쟁입찰에서 있었던 일입니다. 해당 학교에는 이미 10년 가까이 광고를 운영한 업체가 있었습니다. 처음 입찰에 뛰어드는 입장에서 이러한 경쟁 상대는 까다로울 수밖에 없습니다. 이때 필요한 것이 '다르게 생각하기'입니다. 10년 가까이 광고를 수주했다면 아무래도 기존 광고에서 크게 벗어나지 않는 제안을 할 수밖에 없겠죠. 그래서 저희는 기존 광고가 '대학교 브랜딩' 콘셉트 위주로 진행된 점을 분석하고, 이와 다르게 '소수 학과에 주목하는 광고 전략'을 앞세워 심사위원의 눈길을 끌 수 있었습니다.

대기업이라면 경쟁사와 같은 메시지여도 경쟁입찰에서 승산이 있습니다. 메시지 외에도 회사의 장점이 뚜렷하니까요. 하지만 규모가 작은 기업의 담당자라면 '다르게 생각하기'를 꼭 기억하시기 바랍니다.

> **✎ 실무 노트**
>
> 다르게 생각하기 위해서는 우선 고객사가 이전에 어떤 메시지를 전달했는지 먼저 알아야 합니다. 저는 제안서를 작성하기 전, 경쟁입찰을 진행하는 고객사 광고를 찾아보고, 3년 내에 활용한 메시지는 무조건 배제합니다.

📝 네 번째, 가치: 고객사는 제안서로 가치를 판단한다

좋은 제안서는 회사의 가치를 충분히 보여 줄 수 있어야 합니다. 하지만 제안서를 처음 쓰는 기업은 물론, 여러 차례 작성한 기업조차도 컨설팅해 보면 제안서에 회사의 가치를 제대로 못 담는 경우가 많습니다. 기술 노하우, 비용 측면에서 충분한 강점을 가지고 있는 기업임에도, 그 부분이 하나도 드러나지 않는 제안서, 모든 업체에 해당하는 내용만을 다룬 제안서도 있었습니다. 기업의 강점을 자신 있게 부각하지 못하니 이도 저도 아니게 되는 거죠.

제안서는 회사의 가치를 볼록렌즈처럼 작아 보이게 만들거나 오목렌즈처럼 커 보이게 만듭니다. 제안서 내용에 따라 고객사는 기업의 가치를 완전히 다르게 인식하죠. 그래서 회사의 가치를 커 보이게 하기 위해서 제안서에 무엇을 쓰느냐도 정말 중요합니다.

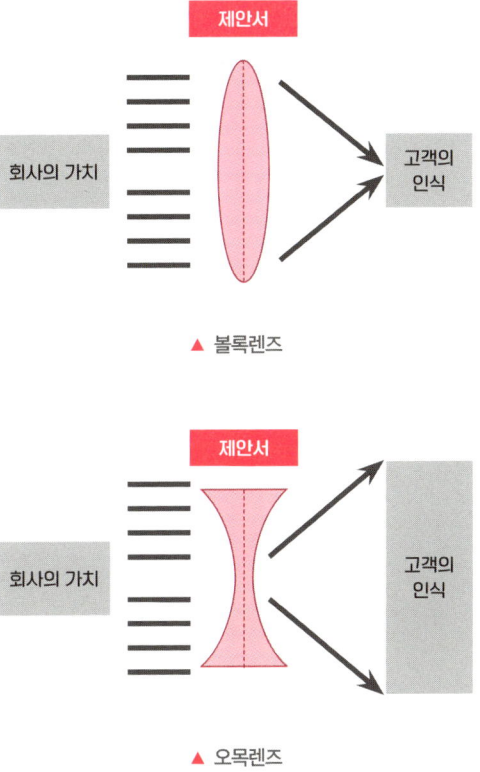

▲ 볼록렌즈

▲ 오목렌즈

물론 제안서에 강점만 나열했다면 기업 카탈로그와 차이가 없겠죠. 제안서에 회사의 강점이 고객사에 어떤 이익으로 연결되는지를 제안서에서 구체적으로 짚을 수 있어야 합니다. 그래야 고객사가 여러분 회사의 가치를 크게 인식하고, 선택하니까요.

3장

제안서의 주인공은 고객사다

📝 고객사가 듣고 싶어 하는 말을 찾아라

제안서 컨설팅에서 있었던 일입니다. 본격적인 컨설팅 전에 기존에 사용하던 제안서를 확인하고 싶다고 기업에 요청했으나 보여 주기를 꺼렸습니다. 컨설팅에 반드시 필요하다는 몇 차례의 설득 끝에 받아 낸 제안서는 기업 소개가 가득한, 누구나 알고 있는 내용을 정리한 문서에 불과했습니다.

이후 이 제안서의 제작 비화를 알 수 있었습니다. 10년 넘게 가격만 보고 계약을 진행했던 고객사가 갑작스레 입찰 제안을 받겠다 통보하면서 급하게 만들어진 제안서였던 것입니다. 제안서를 처음 작성하는 담당자는 내용을 고민할 시간도 없이 파워포인트를 열어 적당한 말만 꾸역꾸역 슬라이드에 담아 디자인 업체에 맡긴 것이었죠.

고객사는 여러분의 일방적인 이야기는 궁금해하지 않습니다. 제안서에는 고객사가 듣고 싶은 말, 고객사의 메시지를 담아야 합니다. 제안서를 작성하기 전에 고객사가 무엇을 가장 중요하게 생각할지, 어떤 문제를 해결하고 싶어 할지를 여러분이 먼저 충분히 고민해야 합니다. 내가 하고 싶은 말이 아니라, 고객이 듣고 싶어 하는 말을 제안서에 담아야 하죠. 고객사는 제안서에 원하는 내용이 있다면 제안서 디자인이 조금 투박하더라도 집중해서 읽기 마련입니다.

📝 제안요청서에 답이 있다

그렇다면 고객사가 원하는 내용은 어디 있을까요? 답은 바로 '제안요청서'에 있습니다. 제안요청서 Request For Proposal, RFP 는 사업개요, 작성요령, 평가항목 등 고객사의 자세한 요청 사항 등을 체계적으로 정리한 문서입니다.

> **VI 제안서 작성요령**
>
> **1. 제안서 작성요령**
> (1) 제안서는 아래 목차의 순서로 작성하여야 하며, 세부 목차를 추가할 수 있으나 요구된 내용을 반드시 포함해야 한다.
>
> > I. 제안개요
> > II. 사업수행부문
> >   1. 과제 수행방안
> >   2. 수진일정계획
> >   3. 투입인력 이력사항
> > III. 일반사항
> >   1. 사업자 일반현황
> > IV. 기 타
> >
> > ※ 세부 목차는 임의 설정
>
> (2) 제안서는 A4지 50페이지 내외로 작성, 페이지별 쪽 번호를 부여하며 제본하여 제출한다.
> (3) 제안서의 내용은 명확한 용어를 사용하여 표현하며 "~를 제공할 수도 있다.", "~이 가능하다." 등과 같은 모호한 표현은 제안서 평가 시 불가능한 것으로 평가한다.
> (4) 제안내용 중 기술적 판단이 필요한 부분은 증빙자료가 제시되어야 한다.
> (5) 제안요청서에 명시되지 않은 내용에 대한 추가 제안사항이 있는 경우 해당항목에 포함하거나 별도의 항목을 추가하여 작성할 수 있으며, 작성항목 중 해당사항이 없는 경우에는 "해당사항 없음"으로 간략히 기술한다.
>
> - 13 -

▲ 제안요청서의 제안서 작성요령 페이지

제안요청서의 여러 항목 중 특히 '평가항목'은 제안서를 작성하는 동안 보지 않고도 이야기할 수 있을 정도로 가까이 두어야 합니다. 제안서의 모범 답안과 같으니까요.

컨설팅을 진행하다 보면 제안요청서를 이해하지 않고 넘어가거나, 아예 보지도 않고 작성하는 담당자가 있습니다. 이 경우 제안요청서 평가항목들을 전혀 담지 못해 다시 작업해야 하는 경우가 생기기도 합니다.

평가항목은 기술평가와 가격평가로 나뉘어지고, 기술평가는 다시 정량평가와 정성평가로 나뉩니다. 기업의 강점과 배점을 꼼꼼히 살펴보고, 선택과 집중을 통해 높은 점수를 얻어야 합니다. 가능하다면 심사위원이 고객사 내부 위원인지, 외부위원인지 파악하는 것이 좋습니다.

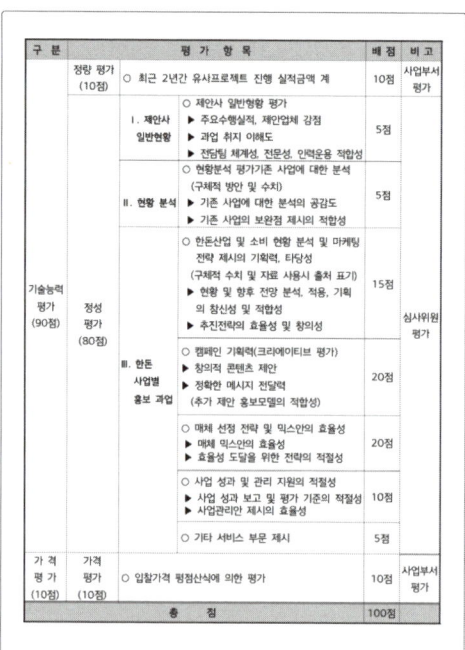

제안요청서에는 고객사가 중요하게 생각하는 요소들이 담겨 있습니다. 특히 평가항목 배점을 확인하고, 배점이 높은, 즉 고객사가 중요하게 생각하는 항목들은 그만큼 중요하게 다뤄야 합니다. 평가항목마다 작업 시간을 똑같이 분배할 필요가 없죠.

> ✏️ **실무 노트**
>
> 제안요청서에 기재된 요청 사항 및 규격을 꼼꼼하게 확인하세요. 기본적인 내용을 틀린다면 고객사에게 좋지 않은 첫인상을 남길 수 있습니다.

제안요청서가 나오면 여러 담당자가 모여 제안요청서를 분석하는 것이 좋습니다. 이전에 발표한 제안요청서와 비교해 무엇이 달라졌는지, 어떤 항목을 중요하게 보는지 등 다양한 시각으로 객관적으로 분석하는 것이 필요하기 때문이죠. 분석을 토대로 제안서의 뼈대를 잡는 아주 중요한 과정입니다.

> **✏️ 실무 노트**
>
> 입찰을 위한 서류에는 제안요청서 외에도 과업내용서, 사전 정보 요청서Request For Information, RFI, 견적 요청서Request For Quotation, RFQ 등 다양하게 존재합니다.
>
> | | |
> |---|---|
> | 과업내용서 | 사업장 현황, 단가, 인력, 장비의 스펙, 운영 시간 등 현재 운영하는 사항을 실사하듯이 알려 주는 문서 |
> | 사전 정보 요청서 | 제안요청서를 작성하기 전, 프로젝트 계획 및 수행에 필요한 정보를 수집하기 위해 공급 업체에 요청하는 문서 |
> | 견적 요청서 | 예산이나 견적을 포함하는 문서 |

📝 제안요청서에서 숨은 답을 찾아라

경쟁입찰을 자주 진행하는 고객사가 있다면 과거의 제안요청서를 찾아보고, 제안요청서에서 무엇이 수정되었는지 파악하는 것이 좋습니다. 항목이 추가되거나, 배점을 더 높게 책정한 항목이 있을 수 있기 때문이죠.

고객사가 특정 항목 배점을 높였다면 2가지 이유입니다. 첫 번째는 '시의성'입니다. 기존 계약 업체와 문제가 있어 그 문제를 막기 위해서거나, ESGEnvironmental, Social, Governance, 안전 등 내부적으로 중요하게 생각하는 가치이기 때문에 해당 항목에 대한 배점이 높은 것이죠. 두 번째는 '친밀도'입니다. 기존 계약 업체의 점수를 더 높게 평가하기 위해서, 기존 업체가 유리한 항목의 배점을 높이는 것이죠.

제안요청서는 공식적인 자료입니다. 보통은 최소한의 정보만을 담고 있습니다. 이전 업체와의 관계, 회사의 사정, 안전 사고 문제, CEO의 성향 등 중요하지만 겉으로 꺼내기 어려운 문제들은 제안요청서에 직접적으로 담지 않습니다. 하지만 제안요청서는 결국 고객사의 요청 사항을 정리한 문서이기 때문에 잘 살펴보면 고객사의 니즈를 파악할 수 있습니다. 제안서를 작성하기 전 제안요청서를 꼼꼼하게 분석해야 하는 이유입니다.

고객사를 알아야 제대로 된 제안서가 나온다

컨설팅을 진행하다 보면 담당자 중에 제안서를 준비하면서 고객사 홈페이지를 들어가 본 적이 없거나, 고객사의 기사를 한 번도 검색하지 않았다는 분들이 있습니다. 고객사가 생각하는 방향과 다르면 제안서를 잘 쓰기도 어렵고, 제아무리 잘 썼다 해도 좋은 점수를 받기 어렵습니다.

제안서를 작성하기 전 고객사의 정보를 꼼꼼히 찾아봐야 합니다. 홈페이지는 기본이고 기사, 유튜브 등을 통해 고객사를 공부하세요. 고객사에서 '지속가능경영보고서'를 발표한다면 회사의 목표나 방향성 등을 더욱 꼼꼼하게 확인할 수 있습니다.

> **실무 노트**
> 기업의 각종 자료들은 컬러, 레이아웃, 폰트 등 기업이 선호하는 디자인을 확인하기에도 좋습니다.

저는 제안서를 작성하기 전, 고객사가 해외 시장 확대를 노리는지, ESG를 중요하게 생각하는지, 고객 만족에 집중하는지 등 고객사가 추구하는 방향을 이해할 수 있을 때까지 고객사를 공부하는 편입니다.

▲ 삼성SDI의 지속가능경영보고서

로버트 치알디니Robert B. Cialdini의 《설득의 심리학》21세기북스, 2023은 설득에서 가장 중요한 핵심 요소 중 하나로 '동질감'을 꼽았습니다. 학연, 지연, 관심사, 취미 등이 같다면, 대화를 시작하기도 전에 설득 효과를 극대화할 수 있다는 것이죠.

고객사를 공부하는 이유도 여기 있습니다. 고객사를 설득하기 위해서는 고객사를 알아야 우리 회사와의 공통점을 찾아 이야기할 수 있겠죠. 고객사가 제안서를 읽고 '우리 회사를 많이 공부하고 왔구나', '우리와 비슷한 방향성을 가지고 있구나'라는 동질감을 느낄 수 있어야 제안서의 설득 효과를 높일 수 있습니다.

📝 고객사 ≒ 심사위원

고객사를 위한 제안서를 쓰기 위해서는 심사위원을 파악하는 것도 중요합니다. 심사위원의 성향에 따라 제안서 방향이 달라지기도 하죠. 하지만 컨설팅을 진행하며 제안서 담당자에게 물어보면, 단순하게 고객사의 경쟁입찰 담당자를 심사위원으로 보는 경우가 있습니다. 하지만 대개 고객사의 경쟁입찰 담당자의 역할은 진행자입니다. 경쟁입찰에 참여하는 업체 담당자에게 정보를 전달하고, 그들의 문의에 답하는 일을 담당하는 것이죠. 경쟁입찰 담당자는 심사위원에서는 배제되는 경우가 많습니다.

그렇다면 심사위원은 어떤 사람일까요? 사기업의 경우 심사위원으로 내부위원이 들어오는 경우가 많습니다. 특히 임원이 들어오는 경우가 많고, 중요한 사업은 대표이사가 들어오기도 합니다. 반면 공공기관은 내부위원이 진행하는 경우, 외부위원으로 진행하는 경우 등으로 나누어지기도 합니다.

> **📝 실무 노트**
>
> 외부위원은 보통 교수나 그 분야의 전문가를 섭외해 평가를 의뢰합니다. 이때 전문가이기 때문에 이 정도는 당연히 알 것이라고 생각하고 제안서에 담지 않고 그냥 넘어갔다가 좋은 점수를 받지 못하는 경우가 있습니다.

그렇다면 내부위원과 외부위원은 무엇이 다를까요? 저는 이들의 차이가 '관점'에 있다고 생각합니다.

우선 외부위원은 미시적으로 평가합니다. 전체보다 개별적으로 살펴보죠. 우리와 마찬가지로 제공받은 제안요청서를 꼼꼼하게 읽고 분석해 이에 맞춰 점수를 매기고, 제안서에서 명확한 답을 찾습니다. 외부위원은 그 특성상 평가항목 이외의 요소를 보기보다, 평가항목에 중점을 둘 수밖에 없기 때문입니다.

반면 내부위원은 거시적으로 평가합니다. 기업 입장에서 더 많은 것을 평가하죠. 자신들이 뽑은 업체와 함께 일해야 하기 때문에 신뢰, 성실과 같은 평가항목 이외의 요소도 중요하게 생각합니다.

✎ **Memo**

4장
차별화된 전략을 제시하라

🎆 차별화된 전략 도출을 위한 전략적 사고

이륙 전 기내 안전 비디오에 집중하는 승객은 드뭅니다. 중요한 내용이긴 하지만, 늘 비슷한 내용인지라 지루하게 생각하고 잘 보지 않죠. 많은 항공사들은 승객들이 기내 안전 비디오를 보지 않는 것을 어쩔 수 없다고 생각했습니다. 그런데 한 항공사는 이 상황을 '문제'로 인식했습니다.

다른 항공사에 인수되어 지금은 사라진 버진 아메리카 항공Virgin America 은 기내 안전 비디오를 뮤직비디오 형식으로 제작해 좋은 반응을 얻었었습니다. 흥겨운 음악과 승무원 복장의 댄서가 등장하는 독특한 뮤직비디오는 승객이 기내 안전 비디오에 집중하고, 내용을 더욱 효과적으로 이해할 수 있도록 제작되었습니다. 실제로 유튜브에는 버진 아메리카 항공의 마지막 영업 비행 날, 비행기에서 승객들이 기내 안전 비디오에서 흘러나오는 노래를 따라 부르는 영상도 올라와 있습니다. 그만큼 승객에게도 특별한 기내 안전 비디오였다는 것이었겠죠.

▲ 버진 아메리카 항공 기내 안전 비디오

버진 아메리카 항공의 기내 안전 비디오는 전략적 사고가 돋보인 사례입니다. 전략적 사고는 치열한 경쟁 속에서 현재 상황을 파악하고, 경쟁에서 조금이라도 앞서가기 위한 가장 효과적인 방법을 찾는 것입니다. 이를 위해서는 현재에 안주하지 않고, 문제를 끊임없이 발견, 개선해야겠죠. 전략적 사고는 비즈니스에서 생존을 위해 꼭 필요한 사고입니다.

고객사는 제안서에서 기업의 문제를 찾고, 해결할 수 있는 전략을 제시해 주길 원합니다. 하지만 컨설팅을 진행하다 보면 많은 담당자 분들이 전략 도출을 가장 어려워하시죠. 들이는 공에 비례해 결과물이 나오지 않고, 아무리 긴 시간을 고민해도 아이디어가 떠오르지 않을 때가 많기 때문입니다. 전략이 떠오르지 않을 때, 필요한 것이 바로 전략적 사고입니다.

하지만 전략적 사고는 뚝딱하고 나오지 않습니다. 운동처럼 평소에 기본기를 다져 놓아야 진짜 필요한 순간에 빛을 발할 수 있습니다. 다음은 전략적 사고를 위한 기본기입니다.

문제인식형 사고

문제인식은 문제 상황을 인식하고 문제를 찾아내고자 하는 것입니다. 고객사 현장 실사에서 같은 상황을 봐도 어떤 담당자는 문제를 발견하고, 어떤 담당자는 문제를 발견하지 못합니다. 경쟁이 치열할 때는 이 작은 디테일의 차이가 결과를 좌우할 수 있습니다. 예를 들어 구내식당의 잔반이 금요일마다 늘어났다고 생각해 봅시다.

구내 식당의 잔반이 금요일마다 증가하고 있어요.

문제인식 부족	금요일 밥이 맛없나? 
문제인식형 사고	연차 쓰는 분들이 많은가? 아니면 금요일에는 외부 식사가 많은가? 

문제인식이 부족하면 제안서에 깊이 있는 내용을 담지 못하거나, 심지어는 헛다리를 짚을 수 있습니다. 평상시에 문제를 찾아보는 연습을 해 보세요. '우리 현장에 문제 있는 곳은 없나?', '고객 만족도가 떨어지는 부분은 어디인가?'와 같이 겉보기에는 문제가 없어 보여도 능동적으로 문제를 찾아보는 겁니다.

📝 문제해결형 사고

문제해결형 사고는 문제 상황에서 항상 최적의 솔루션을 고민하는 사고입니다. 문제를 찾아내는 것도 어렵지만 해결책을 생각해 내는 건 더 어렵죠. 구내 식당의 잔반이 금요일마다 증가한다는 문제를 접했을 때, 여러분은 어떻게 반응하시겠어요? 문제해결형 사고의 관점에서 다시 한 번 위의 구내식당 예시를 보겠습니다.

 구내 식당의 잔반이 금요일마다 증가하고 있어요.

문제해결형 사고 부족	다음 주에 맛있는 반찬이 나오면 되겠지… 
문제해결형 사고	그렇다면 금요일에는 코너를 줄이되, 식사 품질을 높여서 잔반을 줄여야겠다! 

문제를 정확히 분석하고, 이에 따른 해결책을 정확히 제시하고 있죠. 이런 문제해결형 사고야말로 제안서 전략 도출의 시작입니다.

다만 문제를 해결하겠다고 문제에 너무 집착하면 안됩니다. 제안서 초반 문제 분석까지는 완벽하지만 정작 시간 부족 등을 이유로 문제 해결까지 이어지지 못하는 경우가 있기 때문이죠. 문제에 너무 매몰되어 다음 단계로 이어 나가지 못하면 결국 대안과 결론이 약해질 수밖에 없습니다. 심사위원 입장에서는 참 힘 빠지는 제안서입니다.

> **실무 노트**
>
> 문제해결형 사고에서 솔루션을 고민할 때는 가설을 적극적으로 사용해 보세요. 물론 현장에 직접 검증된 솔루션을 적용하는 것이 가장 좋지만 현실적으로 시간과 자원의 제약이 따르니까요. 그리고 가설을 세울 때는 과거 성공에 기반한 잘못된 선입견이 개입하지 않도록 주의해야 합니다. 과거에 성공했다고 이번에도 성공하리라는 보장은 없습니다.

📝 차별화된 제안서를 위한 5가지 요소

지금부터 전략적 사고를 기반으로 차별화된 제안서를 작성하는 방법을 알려드리겠습니다. 여러분의 제안서에 이 5가지 항목이 있는지 살펴보세요.

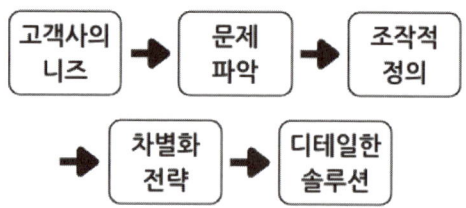

📋 1. 고객사의 니즈

재계약을 진행하는 기업의 제안서 컨설팅을 할 때의 일입니다. 제안서에서는 온통 '잘하겠다'는 말로 가득했습니다. 재계약이라면 경쟁사보다 고객사의 니즈를 잘 알고 있다는 강점을 십분 활용해야 합니다. 아무리 기업이 성실하게 사업을 진행했다 해도, 심사위원은 그 사실을 알지 못하기 때문입니다. 제안서 앞 부분에 우리의 성과와 부족한 점을 분석하고 고객의 니즈를 제시해야 차별화된 제안서가 될 수 있습니다.

제안서는 고객사의 니즈로부터 출발해야 합니다. 그래야 고객사가 자신들을 위한 제안서를 준비했다고 느낄 수 있기 때문입니다. 아래 예시를 통해서 여러분이 제안서를 작성할 때 고객사의 니즈부터 출발할 수 있는 방법을 보겠습니다.

사이먼 사이넥 Simon Sinek 의 《스타트 위드 와이 START WITH WHY》 세계사, 2021 는 제목처럼 '왜 Why 로 시작하라'가 이 책을 관통하는 메시지입니다. 사이먼 사이넥은 이를

Why, How, What으로 이루어진 '골든 서클Golden Circle'을 예로 들며 성공적인 리더와 조직은 Why부터 시작하여 How와 What으로 나아가야 한다고 주장하죠.

왜 Why일까요? 바로 Why가 조직의 존재 이유, 목적, 동기, 신념을 나타내기 때문입니다. 하지만 대부분의 사람들은 What부터 시작해 Why로 찾아가는 게 익숙합니다. Why부터 시작할 수 있는 리더와 조직은 극히 드물죠.

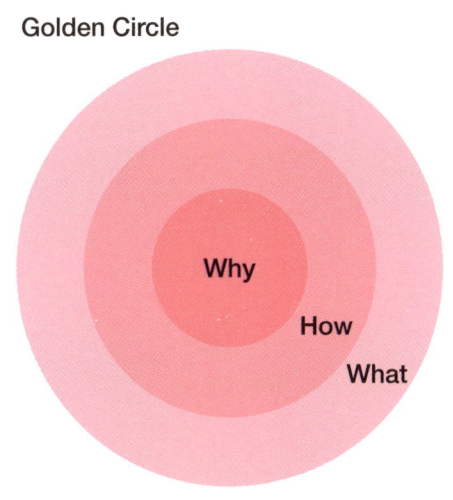

Why	조직의 존재 이유 또는 목적, 동기, 신념을 나타낸다.
How	Why를 실현하기 위한 방법, 접근 방식 또는 프로세스를 나타낸다.
What	조직이 생산하는 제품이나 서비스, 구체적인 결과물을 나타낸다.

Why로 시작해 How와 What으로 나아가는 것을 잘하는 기업이 바로 세계 최고의 기업 애플Apple입니다. 애플이 고객과 커뮤니케이션하는 방식을 살펴보겠습니다.

Why	우리가 하는 모든 일은 우리가 믿는 바, 즉 현실에 도전하기 위한 것입니다.

⬇

How	우리는 '다르게 생각하기'의 가치를 믿습니다. 우리가 현실에 도전하는 방식은 모든 제품을 유려한 디자인과 편리한 사용성을 지닌 사용자 친화적인 제품으로 만드는 것입니다.

⬇

What	이 컴퓨터로 여러분의 업무 환경을 개선해 보시지 않으시겠습니까?

Why부터 시작해 How와 What으로 메시지를 이어 나가는 것을 볼 수 있습니다. 이러한 애플의 메시지를 What부터 시작한다면 이렇게 변할 것입니다.

What	우리가 아주 좋은 컴퓨터를 하나 만들었습니다.

⬇

How	디자인이 예쁘고 사용이 편리하며, 사용자 친화적입니다.

⬇

Why	이 컴퓨터로 업무 환경을 개선해 보시지 않으시겠습니까?

느낌이 완전히 다르죠. 이것이 바로 대부분의 사람들이 커뮤니케이션하는 방식입니다. 우리가 무엇What을 하는지 말하고, 어떻게How 사용하는지 특징과 장점을 늘어놓기 바쁘죠. 하지만 사람들은 What이 아닌 Why를 보고 구매합니다.

제안서도 마찬가지입니다. 제안서는 Why로 시작해야 합니다. 하지만 컨설팅을 하다 보면 우리가 무엇을 하는 회사이고, 어떻게 하겠다는 What과

How가 가득한 제안서를 작성하시는 담당자가 많습니다. 하지만 Why가 빠지고 What과 How로 가득찬 제안서는 고객사를 설득하는 데 큰 도움이 되지 않습니다.

Why로 시작한 제안서의 흐름	
Why	제안의 이유 또는 목적, 고객사의 니즈를 밝힌다.
How	고객사의 니즈를 실현하기 위한 방법, 차별화 전략, 추가 제안을 제안한다.
What	비용, 계약 사항 등 최종 제안을 한다.

그렇다면 제안서의 Why에서 잊지 말아야 할 것은 무엇일까요? 바로 고객사입니다. 고객사가 만족할 수 있는 Why를 고민해야 합니다. 그리고 그 첫걸음이 고객사의 니즈인 것이죠. Why로 시작해야 고객사가 더 쉽게 여러분의 제안서에 공감할 수 있습니다.

Why로 시작한 제안서		
Why	• 현재 이런 문제점이 있습니다. • 앞으로 이런 문제가 생길 수 있습니다.	고객사의 문제점과 원인 현황 분석
How	• 우리에게 이러한 솔루션이 있습니다. • 경쟁사 대비 저희 회사의 차별점은 다음과 같습니다.	솔루션 추진과제 차별화 전략
What	• 저희의 비용과 계약 사항은 다음과 같습니다.	계약 사항 기대 효과

✏️ 2. 문제 파악

차별화된 제안서를 작성하기 위해서는 고객사의 진짜 문제를 찾아 담아야 합니다. 현재 고객사가 가지고 있는 문제나, 다양한 데이터를 바탕으로 앞으로 고객사에 생길 수 있는 문제를 예측하는 것이죠. 그런데 고객사의 문제라는 게 과연 무엇일까요? 그리고 그 문제를 어떻게 해결할 수 있을까요?

문제란 무엇인가?

우선 고객사에게 생길 수 있는 문제가 무엇인지, 한번 짚어 볼까요? 우리가 자주 사용하는 '문제'라는 단어는 사전적 의미로 바람직한 모습과 현재의 차이를 말합니다. 그리고 문제는 발생형 문제와 설정형 문제, 2가지 유형으로 나누어 볼 수 있습니다.

우선 발생형 문제는 현재 수준이 설정한 목표에 미치지 못해 발생하는 문제를 뜻합니다. 예를 들어 연초에 평가한 서비스 만족도 평가에서 당초 목표로 한 수치를 밑돌거나, 발주 실패로 식당 매출이 작년 평균에 비해 떨어지거나 하는 등의 문제가 있습니다. 발생형 문제는 재발 방지와 개선, 대책을 마련하는 등 성과 하락 최소화에 집중해야 합니다.

설정형 문제는 아직 발생하지 않은 문제를 미리 예상하고, 이를 예방하기 위해 설정하는 문제를 뜻합니다. 신제품 개발, 신시장 개척 등 이미 잘하고 있지만 한 단계 더 도약하기 위해 필요한 비전을 제시하는 것입니다.

발생형 문제	현재 수준이 설정한 목표에 미치지 못해 발생하는 문제
설정형 문제	아직 발생하지 않은 문제를 미리 예상하고, 이를 예방하기 위해 설정하는 문제

문제를 아는 것이 왜 중요한가?

1932년 덴마크에서 시작한 레고Lego는 남녀노소를 막론하고 모두에게 인기 있는 장난감입니다. 그런데 여러분은 레고가 역사 속으로 사라질 뻔했다는 사실을 알고 계신가요? 레고의 위기는 비디오 게임이 등장한 시기, 레고가 아이들에게 시시한 장난감으로 전락하면서 시작되었습니다. 그렇게 비디오 게임에 밀린 레고는 1998년, 사상 첫 적자를 기록한 데 이어, 무려 1,000명이 넘는 직원을 해고했죠.

레고는 위기 상황을 극복하기 위해 '쉬운 레고'를 만들기 시작했습니다. 쉬운 레고는 기존 레고와 달리 비디오 게임처럼 빠르게 결과를 낼 수 있어 아이들이 좋아할 거라 생각했죠. 결과는 어땠을까요? 2004년, 레고는 무려 2억 7,000만 달러의 사상 최대 규모의 적자를 내고 파산 직전까지 가게 되었습니다.

레고를 살린 건 마르틴 하이데거Martin Heidegger의 철학을 컨설팅에 활용하는 것으로 유명한 덴마크의 컨설팅 회사 레드 어소시에이츠ReD Associates였습니다.

▲ 레드 어소시에이츠 CI

당시 레고는 아이들은 어떤 장난감을 좋아하는지 알기 위해 공들였습니다. 비디오 게임에 대항해 쉬운 레고가 나온 까닭도 여기에 있었죠. 하지만 레드 어소시에이츠는 다른 부분을 들여다보았습니다. 바로 '아이들에게 놀이란 무엇일까?'라는 질문이었습니다. 그리고 로스앤젤레스, 뉴욕, 시카고, 뮌헨, 함

부르크 등 가정에 조사 팀을 파견해, 몇 달에 걸쳐 아이들이 노는 모습을 촬영하고 심층 인터뷰를 진행하여 질문의 답을 찾고자 했죠.

이를 통해 조사 팀은 놀랍게도 아이들이 시간을 투자해 어려운 기술을 익히고, 이를 자랑하는 것에 큰 즐거움을 느낀다는 점을 알게 되었습니다. 이는 기존에 레고가 쉬운 레고를 만들며 예상했던 것과 정반대의 사실이었죠. 만약 레고가 쉬운 레고를 고집했다면, 레고는 역사 속으로 사라졌을지도 모릅니다. 문제를 정확히 파악하는 것이 이렇게나 중요합니다.

✏️ 실무 노트

레고의 사례는 발생형 문제에 대한 개선형 제안이 성공한 사례로 볼 수 있습니다.

문제 해결 프로세스

문제 해결에 앞서 문제와 문제점의 차이를 알아야 합니다. 언뜻 보면 같은 말 같아 보이는 단어들이지만 분명한 차이가 있습니다. 우선 문제는 결과를 뜻합니다. 겉으로 드러난 현상을 말하죠. 오른쪽 이미지에서 화분의 이파리가 말라 가는 것은 문제라고 할 수 있습니다. 반면 문제점은 문제의 원인, 근본, 본질을 뜻해서, 이파리가 말라가는 여러 이유를 문제점이라고 할 수 있겠습니다. 화분에서 이파리가 말라 간다면, 이처럼 많은 문제점을 찾아볼 수 있습니다.

제안서도 마찬가지입니다. 같은 문제를 놓고 각각의 경쟁사마다 다양한 문제점을 제시할 수 있습니다. 그리고 문제점이 달라진다면, 그에 따른 솔루션도 천차만별일 것입니다. 그러므로 문제를 찾고, 그에 따른 정확한 문제점을 파악하는 능력이 중요합니다.

물론 문제점이라고 모두 해결할 수 있는 건 아닙니다. 문제점에 들어가 있지만 여러 이유로 해결할 수 없는 문제점을 '제약 조건'이라고 합니다. 문제 해결을 위해서는 제약 조건을 제외하고 해결할 수 있는 문제점을 설정하고, 이에 맞춰 솔루션을 도출하는 것이 현실적인 제안서가 되겠죠. 문제와 문제점의 차이를 알았다면, 이제 고객사의 상황에 따른 문제 해결 프로세스를 알아보겠습니다.

> **✎ 실무 노트**
>
> 대표적인 제약 조건으로 비용이 있습니다. 비용을 높이면 많은 문제를 해결할 수 있지만, 고객사에서는 비용을 높이자는 제안을 쉽게 받아들일 수 없기 때문이죠.

■ 1. 문제가 있는 고객사인 경우

고객사가 경쟁입찰을 올리고, 기존 업체를 변경하고자 한다면 기존 업체에 문제가 있었을 가능성이 높습니다. 고객사는 문제를 정확히 파악하고, 해결책을 찾아 줄 수 있는 기업을 찾고자 합니다. 이럴 땐 고객사가 만족하지 못하는 부분이 무엇인지, 문제를 파악하는 데 집중해야 합니다.

문제가 있는 고객사의 문제 해결 프로세스는 파악한 문제를 분석하고 문제점을 도출하는 데 목적이 있습니다. 그리고 진행할 수 없는 제약 조건은 따로 분리하죠. 도출한 문제점 중 경쟁사보다 앞설 수 있는 자사의 솔루션을 핵심 과제로 선정합니다.

> **✎ 실무 노트**
>
> 제약 조건은 굳이 제안서에 담을 필요는 없습니다.

■ **2. 문제가 없는 고객사인 경우**

고객사가 신규 업체여서 정보가 없다거나, 기존 업체가 워낙 잘하고 있는 경우에는 고객사에 딱히 문제가 보이지 않을 수 있습니다. 이런 경우에는 새로운 목표를 설정하는 데 집중해 보세요. 문제가 발생할 수 있는 가능성을 설득하고, 이를 먼저 예방하기 위한 제안을 하는 겁니다. 지금도 잘하고 있지만 더 발전할 수 있도록, 더 나은 방향을 제시하는 것이죠.

설정형 문제 해결 프로세스는 미래에 발생할 수 있는 문제를 예상하고, 예방하는 데 그 목적이 있습니다. 문제점을 도출하기 위해 해당 업계의 트렌드를 분석하고, 앞으로 벌어질 일을 예측하여 시사점을 도출하거나, 논문, 보고서 등 다양한 분석 자료를 활용해 고객사에게 앞으로 일어날 수 있는 문제를 제시하는 것입니다.

3. 조작적 정의

여러분이 생각하는 행복이란 무엇인가요? 사전적 정의에 따르면 행복은 '생활에서 충분한 만족과 기쁨을 느끼어 흐뭇함, 또는 그러한 상태'를 일컫습니다. 사전적 정의가 구체적으로 와닿지 않는 분도 있을 텐데요, 각자의 가치관과 경험에 따라 추구하는 행복이 모두 다를 수 있기 때문입니다. 그러므로 행복에는 사전적 정의와 나만의 정의가 있다고 할 수 있겠죠.

제안요청서에는 사업의 목적, 목표, 범위 등 고객사가 정리한 다양한 요소가 있습니다. 컨설팅을 진행한 대부분의 담당자분들이 제안서에 이를 그대로 사용하죠. 고객사에서 제시한 내용이니까요. 물론 고객사의 의도를 파악하고 이해하는 것은 중요합니다. 하지만 경쟁사와 다른 차별화된 접근을 원한다면 주어진 정보에 우리만의 해석을 담아 보세요. 행복에 나만의 정의를 내리는 것처럼 말이죠.

저는 이것을 '제안을 조작적으로 정의한다'고 합니다. 사전적 정의가 아닌 나의 생각, 경험, 가치관, 신념, 해석 등이 들어간 새로운 정의를 고객사에게 전달하는 것이죠.

> **✏ 실무 노트**
>
> 조작적operational은 논문이나 법정 토론에서 사용하는 용어로 추상적인 개념을 구체적으로 표현한다는 의미입니다.

> □ 사업목적 : "국민을 건강하게, 일상을 행복하게" 미션과 목표에 부합하는 광고사업을 제시하되, 다음 내용을 반영
> 가. 한돈산업 및 한돈농가에 대한 긍정적 이미지 및 신뢰 형성
> 나. 한돈 균형 소비 홍보 및 가치 제고
> 다. 소비 환경 변화에 따른 한돈 소비확대를 위한 홍보
> 라. 한돈 소비 확대와 한돈 매출 증대를 통한 한돈농가 소득증대

▲ 제안요청서 내 사업 목적 예시

고객사는 차별화된 솔루션을 원합니다. 누구나 떠올릴 수 있는 문제나, 누구나 제안할 수 있는 해결책을 원하지 않죠. 이때 필요한 것이 조작적 정의Operational

Definition입니다. 고객사의 핵심 과제를 우리의 방식, 기술, 서비스, 정신이 포함되도록 재정의하는 것이죠. 조작적 정의를 통해 제안요청서에 새로운 의미를 부여할 수 있다면, 제안서 경쟁에서 경쟁사보다 훨씬 앞서 출발한 것과 다름없습니다.

제가 아파트 스위치의 디자인 입찰 컨설팅을 진행했을 때였습니다. 담당자와 제안서를 작성하기에 앞서 스위치에 대한 정의부터 다시 생각해 보았죠. 스위치의 사전적 정의는 '전기 회로를 이었다 끊었다 하는 장치'입니다. 전통적인 스위치의 역할은 전등을 켜고, 끄는 역할이 고작이었죠. 하지만 저희는 입찰을 앞두고 이 스위치가 기존에 가지고 있던 사전적 정의를 뒤로하고, 스위치를 새롭게 정의하기 위한 3가지 물음을 던졌습니다.

① 스위치는 소비자들에게 어떤 존재인가?
② 좋은 스위치란 무엇인가?
③ 좋은 스위치 디자인이란 무엇인가?

이 물음을 통해 새롭게 마련한 스위치의 조작적 정의는 '생활의 컨트롤 타워'였습니다. 이제 스위치는 단순히 전등을 켜고, 끄는 역할이 아닌, 가전, 인테리어 소품 등과 연결되어 집의 라이프 스타일을 관리하는 중심 기기이기 때문이죠. 그렇게 마련한 스위치의 조작적 정의는 과거의 전통적인 스위치의 역할에서 벗어나야 한다는 것이었습니다.

사전적 정의	전기 회로를 이었다 끊었다 하는 장치
조작적 정의	가전, 인테리어 소품 등과 연결되어 집의 라이프 스타일을 관리하는 '생활의 컨트롤 타워'

✅ 4. 차별화 전략

차별화 전략은 경쟁사보다 앞서 있는 우위 요소를 제안서에 전략적으로 배치하는 것입니다. 차별화 전략을 극대화하기 위해서는 우위 요소를 고객사의 니즈와 연계하는 것이 중요합니다. 제안서 전체에 걸쳐 우리의 강점이 고객사에게 어떤 효용을 줄 수 있는지 일관성 있게 강조할 수 있어야 하죠. 물론 제안서에 전략을 뒷받침할 구체적인 실행 방안도 자세하게 담아야 합니다.

달력 디자인 제안 경쟁입찰에 참여한 디자인 회사가 국가유산청과 주로 작업을 진행했다 가정해 보겠습니다. 이 회사의 강점은 당연히 문화재 디자인이 들어가는 달력입니다. 경쟁사에 비해 다양한 문화재 디자인을 확보할 수 있으니, 한국의 멋을 선보일 수 있는 달력을 제작할 수 있다고 연결하겠죠.

하지만 컨설팅에서 담당자 분들에게 이러한 차별점을 찾으라고 말씀드리면 어려워하시는 분들이 많습니다. 동종 업계다 보니 비슷한 제품 또는 서비스를 출시하는 경우가 많기 때문이죠. 하지만 잘 고민해 보면 차별점은 작은 부분일지라도 존재합니다. 차별점을 찾기 어렵다면, 우선 우리 회사와 경쟁사의 객관적 인식부터 살펴보고 이를 콘셉트로 잘 녹여 내야겠죠.

객관적 인식이 필요하다

제안서 제출을 앞두고 무조건 수주할 거라고 확신하는 분들을 만날 때가 있습니다. 하지만 정작 결과가 나오고 나면, 우리 회사만 한 줄 알았던 제안이 경쟁사 제안서에 고스란히 담겨 있거나, 심지어 경쟁사 제안서가 더 나은 경우가 많습니다. 제안서에서 중요한 것은 우리 회사뿐만 아니라, 경쟁사의 정보를 정확하고 객관적으로 분석해야 한다는 것입니다. 이러한 분석을 바탕으로 차별화 전략을 짤 수 있겠죠. 물론 전략을 짜기 위해서는 모두가 납득할 수 있는 근거가 필요합니다. 그 근거가 될 수 있는 몇 가지 분석 방법을 소개해 드리겠습니다.

> **실무 노트**
>
> 분석 방법을 사용할 때, 분석 방법 자체가 목적이 되어서는 안 됩니다. 이는 하나의 방법일 뿐, 우리 회사를 객관적으로 바라보고 강조할 부분을 찾아내는 것이 목적이 되어야 합니다.

■ 1. 메타인지

메타인지는 자신이 무엇을 알거나 모르는지, 무엇을 이해하고 있거나 이해하지 못하고 있는지 등 나의 능력을 객관적으로 평가하고, 이를 바탕으로 앞으로 자신에게 필요한 것을 빠르게 파악할 수 있는 능력입니다.

제안서 작성에도 메타인지가 필요합니다. 우리 회사의 장단점이 무엇이고, 경쟁사들과 비교했을 때 몇 순위에 들 수 있는지 정확하고, 객관적으로 알고 있어야 하죠. 그래서 컨설팅에서 제안서 담당자에게 가장 많이 하는 질문이 '경쟁사는 어떤가요?'입니다. 경쟁사보다 조금이라도 우위를 점하고 있는 부분을 찾아 강조해야 하니까요. 아무리 잘해도 무조건 '우리 회사가 최고입니다', '제일 잘할 수 있습니다'라는 감정적인 호소는 통하지 않습니다. 메타인지를 통해 보다 객관적으로 우리 회사의 상황을 판단하고, 필요한 것들을 찾을 수 있어야 차별화된 제안서를 작성할 수 있습니다.

■ 2. SWOT 분석

SWOT 분석은 기업의 내부 환경요인을 강점Strength과 약점Weakness으로, 외부 환경요인을 기회Opportunity와 위협Threat으로 나누어 효과적인 기업 경영 전략과 마케팅 계획을 수립하기 위한 분석 방법입니다. 미국의 경영 컨설턴트 알버트 험프리Albert Humphrey가 고안한 이 방법은 기업 경영뿐만 아니라 다양한 분야에 두루 적용할 수 있고, 급변하는 트렌드에 맞춰 쉽게 내외부 변화를 파악할 수 있다는 장점이 있습니다.

내부	S	강점(Strength)	업계 인지도, 인프라
	W	약점(Weakness)	높은 단가, 인력 부족
외부	O	기회(Opportunity)	국내 이슈, 제도
	T	위협(Threat)	낮은 단가 소형업체 증가, 내수시장 악화

■ 3. 경쟁사 비교 분석표

경쟁사 비교 분석표는 고객사의 제안요청서를 바탕으로 우리 회사와 경쟁사를 객관적으로 분석하고, 이를 바탕으로 어떻게 경쟁할지 판단하기 위한 분석 방법입니다. 경쟁사 비교 분석표에 다음과 같이 제안요청서에서 고객사의 이슈 중 '현황 분석, 기획력, 가격, 추가 제안, 유사 실적, 인력 구성' 6가지 핵심 이슈를 뽑아 기재합니다. 그리고 제안요청서의 가중치에 따라 점수를 분배합니다. 핵심 이슈는 반드시 6가지를 채울 필요는 없으며, 팀원들과 상의하여 가장 중요한 항목을 선정하면 됩니다. 제안에 참가하는 업체가 많은 경우, 경쟁이 치열하다고 판단되는 한두 개의 업체를 따로 선정해 비교하는 것이 좋습니다.

핵심 이슈	평가 비중	경쟁사 1	경쟁사 2	자사
현황 분석	10			
기획력	30			
가격	20			
추가 제안	20			
유사 실적	10			
인력 구성	10			

경쟁사 비교 분석표는 팀 단위 분석이 있어야 객관적인 평가가 가능합니다. 무엇보다 우리의 입장이 아닌, 고객의 입장이 되어 충분히 고민해 평가표를 작성해야 한다는 점을 꼭 기억하세요.

> **실무 노트**
>
> 추가 제안은 제안요청서에 제시되어 있지 않지만 고객에게 특별한 가치를 제공하기 위해 추가로 제안하는 내용을 말합니다. 요즘은 제안서 수준이 상향평준화되면서 추가 제안의 비중이 높아지고 있습니다. 아래 추가 제안 작성 시 주의 사항 몇 가지를 알려드리겠습니다.
>
> **1. 양보다 질이다**
> - 경쟁사에 뒤처지지 않기 위해 많은 제안을 하는 것보다, 적더라도 임팩트 있는 제안을 하는 것이 효과적입니다.
>
> **2. 가장 좋은 것은 마지막에 제시해라**
> - 제안서 마지막에 추가 제안을 제시하면 기억에 오래 남습니다.
>
> **3. 경쟁사가 막강하다면 추가 제안에 신경 써라**
> - 기존 업체가 잘하고 있거나 경쟁사가 우리 회사보다 우위에 있다면 참신하고 고객에게 필요한 추가 제안으로 승부수를 걸어 볼 수 있습니다.

마음을 움직이는 가치 제안: 콘셉트

제안서는 고객사의 문제와 니즈에 따라 솔루션이 달라지기도 하고, 심사위원마다 중요하게 생각하는 기준이 다릅니다. 객관적 인식을 통해 고객사의 니즈와 우리의 우위 요소를 파악했다면, 이제 이를 바탕으로 고객사에 우리의 제안서가 고객사가 찾는, 가장 필요한 제안서라는 점을 각인시켜야 합니다. 이를 위해 필요한 것이 콘셉트입니다.

■ 콘셉트

제안서는 심사위원이 한눈에 파악할 수 있어야 합니다. 내용이 많거나 실행 방안이 추상적이어서 제안서의 방향을 한 문장으로 압축할 수 없다면 그저 그런 제안서로 남게 되겠죠. 치열한 제안서 경쟁 속에서 우리의 제안서가 심사위원의 눈에 들게 하는 방법, 이때 필요한 것이 바로 '콘셉트'입니다.

콘셉트는 일반적으로 제품이나 서비스, 공연, 예술 작품 등에 활용되는 단어로 '기획자가 밖으로 드러내고자 하는 구체적인 의도'를 뜻합니다. 'con'과 'cept'가 결합된 이 단어는 '함께 붙잡다', 즉 여러 가지를 하나의 핵심으로 꿰뚫어 엮은 것을 말합니다.

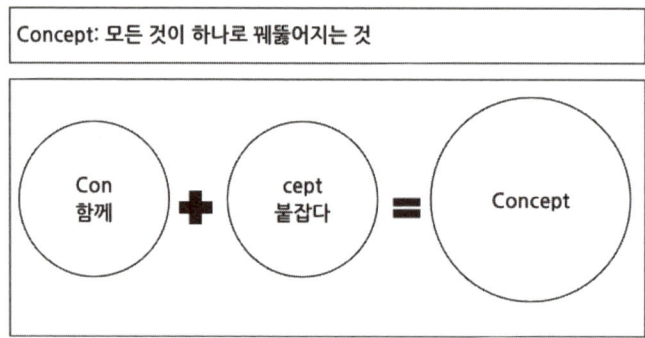

심사위원은 제안서에 핵심이 담기기를 원합니다. 이때 콘셉트는 고객의 니즈와 문제, 제안서 전략과 솔루션 등 모든 과정에서 중심을 잡아 주는 구심점이 되어 줍니다. 심사위원에게 제안서 전략을 한마디로 짧게 설명할 수 있도록 개념화한 것이죠.

> **✏ 실무 노트**
>
> 평소 드라마나 영화를 보면서 기획 콘셉트를 정리해 보는 것도 제안서 기획에 도움이 됩니다.

■ 콘셉트의 조건

제안서에 내용을 집어넣는 것보다, 핵심을 담은 요약본을 작성하기가 더 어렵죠. 마찬가지로 제안서의 콘셉트를 세우는 일은 여간 까다로운 일이 아닙니다. 짧으면서도 강렬한 메시지를 전달해야 하니까요.

심사위원 마음에 꽂히는 콘셉트의 조건을 살펴보겠습니다. 첫 번째 콘셉트의 조건은 단순Simple해야 합니다. 딱 한 문장으로 보여 줄 수 있어야 하죠. 그러기 위해서는 과감히 버릴 줄 알아야 합니다. 보통 콘셉트는 크게 3가지 차별화 요소만 남기라고 하는데요. 아래는 넷플릭스의 차별화 요소와 콘셉트입니다.

1	언제 어디서나 시청 가능
2	다양한 디바이스로 시청 가능
3	고품질 동영상

⬇

콘셉트	언제 어디서나 다양한 디바이스로 시청하는 고품질 동영상 서비스

이렇게 콘셉트는 차별화 요소를 압축하고, 간결해야 합니다. 이야기하고자 하는 솔루션을 명확하게 보여 주어야 하죠.

두 번째 콘셉트의 조건은 고객사가 선택할 수 있는 판단 기준Standard Judgment을 제시해야 합니다. 콘셉트 경쟁이 치열한 커피 시장을 예로 들어 보겠습니다. 메가커피는 가격, 스타벅스는 공간, 폴바셋은 고품질 원두와 같이 각각의 커피 전문점은 고객의 필요에 따라 선택할 수 있는 콘셉트가 명확합니다. 제안서에도 안전, 품질, 서비스 등 고객사가 선택할 수 있도록 명확한 판단 기준을 콘셉트를 통해 제시해야 합니다.

마지막 콘셉트의 조건은 가치Value를 담아야 합니다. 고객이 추구하는 가치, 즉 고객의 니즈를 담아야 한다는 의미이죠. 이를 파악하여 문제를 해결하면 고객은 감동할 수밖에 없습니다.

콘셉트의 조건		
	Simple	단순해야 한다.
	Standard judgment	판단 기준을 제시해야 한다.
	Value	가치를 담아야 한다.

콘셉트에 대해 이해했다면, 이제 콘셉트를 적용하는 구체적인 방법을 소개하겠습니다.

■ **콘셉트를 적용하는 방법: 메타포**

구슬처럼 흩어져 있는 아이디어를 명확한 하나의 이미지로 엮어 주는 것이 콘셉트의 힘입니다. 구구절절 설명하는 것이 아니라 하나의 이미지를 보여 주면 누구나 쉽게 이해하고 공감하게 되죠. 콘셉트를 적용하는 방법은 정의,

비교, 숫자 등 여러 가지가 있습니다. 정답이 있는 것은 아니지만 제가 제안서 작업할 때 가장 잘 활용하는 '메타포'를 소개합니다.

메타포는 사전적 의미로 은유, 비유, 상징, 구체적인 것을 뜻합니다. 어떤 사물을 설명하거나 연상하고자 할 때 비슷하거나, 익숙한 것을 빌려와 이를 통해 그 의미를 전달하는 것을 말하죠. 보통 메타포라고 하면 문학에서 사용한다고 생각하는데, 제안서에서도 제안서 전략을 강조하고, 제안서를 더 쉽게 이해하도록 하는 등 다양한 목적으로 사용할 수 있습니다.

골프장 코스 관리 사업 경쟁입찰에 참여하는 기업을 컨설팅하게 되었습니다. 제안서 컨설팅을 진행한 기업은 골프장 코스 관리 시스템을 활용하는 기업으로, 경쟁사보다 더 빠르고, 정교하게 골프장 내 문제점을 찾고, 잔디 상태, 기상 등 각종 데이터를 입력해 언제, 어떤 부분의 유지, 보수가 필요할지 예측까지 할 수 있는 시스템을 보유하고 있었습니다.

담당자와 제안서를 작성하며 잔디의 생육을 안정적으로 유지하기 위해서는 여름철 골프장 관리가 매우 중요하다는 사실을 알 수 있었습니다. 이를 바탕으로 제안서 전략을 '골프장 관리 시스템을 활용한 여름철 골프장 집중 관리'로 잡고, 이를 '골든 타임'이라는 메타포를 연결했습니다. '제때' 골프장 관리가 들어가야 한다는 점을 환자의 생사를 결정할 수 있는 최소한의 시간, 골든 타임이라는 비유를 이용해 강조한 것이죠.

> **실무 노트**
>
> 메타포는 '골든 타임'과 같은 단어를 활용하지 않아도 프로젝트와 연관된 숫자, 도형이나 고객사를 대표하는 이미지 등을 활용해 그 의미를 충분히 전달할 수 있습니다.

■ 콘셉트를 녹여 전략 슬라이드를 만드는 방법

고객의 핵심 문제를 제시하고 차별화된 전략이 나왔다면, 이제는 고객사가 우리의 제안서를 그냥 지나치지 못하게 해야 합니다. 우리가 제시한 문제가 가장 중요한 이슈이며, 이를 해결할 가장 최적의 파트너사임을 어필해야 하죠. 이때 활용하는 것이 바로 앵커링Anchoring 효과입니다.

앵커링 효과는 배가 닻Anchor을 내리면 닻과 배를 연결한 밧줄의 범위 내에서만 움직일 수 있듯이 처음에 인상적이었던 숫자나 사물이 기준점이 되어 그 후의 판단에 영향을 미치는 현상입니다.

제안서를 만들 때 제안요청서가 기준점이 되었다면 우리 제안서를 평가할 때 기준점은 전략 슬라이드가 되는 것이죠. 전략 슬라이드는 한 프레임에 핵심 이슈와 전략, 전술로 구성합니다. 각각의 핵심 이슈와 전략 전술은 모두 연결되어 있어야 논리적인 설득이 가능합니다.

프레임		
한마디 콘셉트		
핵심 이슈	전략	전술

전략 슬라이드는 전술을 이야기하기 전에 먼저 나와야 합니다. 전략을 기반으로 한 콘셉트가 이해되어야 본론에서 나오는 전술들을 이해할 수 있으니까요. 이렇게 제시한 핵심 이슈와 전략들은 경쟁사를 심사할 때도 기준점이 되어 영향을 미치게 됩니다.

> **✏️ 실무 노트**
>
> 프레임은 기본 틀, 뼈대라는 뜻이며 현대인들이 정치 사회적 의제를 인식하는 과정에서 본질적 의미, 사건과 사실 사이의 관계를 정하는 직관적 틀을 뜻합니다.

5. 디테일한 솔루션

고객의 니즈를 파악하고 우리의 경쟁 우위와 연결한 차별화 전략을 도출했다면 이제 제안서 작성에 들어가면 될까요? 아닙니다. 아직 작업이 하나 더 남았습니다. 바로 전략을 뒷받침할 전술을 추가하는 것입니다. 제안서에 전술이 없거나, 구체적이지 않다면 보기에만 좋은, 뜬구름 잡는 제안서가 될 수 있습니다.

한 광고의 제안 프레젠테이션에서 '제안서 앞부분이 좋아서 사실 기대하고 들었는데 뒷부분이 아쉽네요. 구체적으로 무엇을 하겠다는 건지 잘 와닿지가 않았어요'라는 심사 평을 들은 적이 있습니다. 코로나 시기 메타버스로 콘셉트를 잡아 프레젠테이션을 시작할 때만 해도 심사위원들의 표정은 기대에 가득 차 있었습니다. 하지만 메타버스 설명이 끝나고 이후 시안에도, 실행안에도 메타버스 콘셉트가 적용된 내용이 없자 실망한 것이죠.

기업이 제안서 전략으로 '안전성 향상'을 내세우고자 한다면 아래의 표와 같이 전략을 뒷받침할 구체적인 실행 방안을 제안서에 작성해야 합니다.

전략	안전성 향상
전술	① 본사 안전관리 팀 신설
	② 전문인력 추가
	③ 안전 관련 비용 5% 증액
	④ 매월 안전 진단 실행 및 결과 리포트 제출
	⑤ 안전 교육을 기존 대비 1.5배로 늘려 직원 안전의식 강화

많은 분들이 전술을 제시하기 어려워하는 이유는 2가지가 있습니다. 첫 번째는 충분한 아이디어 회의를 거치지 않았기 때문입니다. 콘셉트와 기획을 작성한 팀과 시안 및 실행안을 작성한 팀의 소통이 없다면, 용두사미의 제안서가 나올 수 있습니다. 두 번째는 제안서를 작성할 때 구체적으로 작성하지 않았기 때문입니다. 이때는 5W3H를 사용해 구체적으로 제안서를 분석해 보세요. 5W3H는 What, Why, Who, When, Where, How, How Much, How Long을 뜻하는데요. 각각의 요소를 바탕으로 제안서에 필요한 요소를 꼼꼼히 정리해 볼 수 있습니다. 이를 통해 필요한 사항을 정리하고, 단순한 제안이 아닌, 고객사에게 진짜 필요한 제안을 도출할 수 있겠죠.

5W3H	무엇을?	What
	왜?	Why
	누가?	Who
	언제?	When
	어디서?	Where
	어떻게?	How
	예산과 비용은?	How Much
	기간은?	How Long

무엇보다 수치를 활용해 데이터로 보여 주거나, 구체적인 예시가 나오면 공들여 세운 전략이 더욱 탄탄해질 수 있습니다.

✏️ 부록 회사소개서를 복붙하지 마세요

제안서에 빠지지 않는 목차 중 하나가 회사 소개입니다. 제안서 강의에 참여한 한 업체는 회사 소개를 작성할 때 '회사소개서만큼은 마음껏 '복붙'해도 되는 거 아니냐'고 묻더군요. 아쉽게도 회사소개서를 복붙하면 안됩니다. 입찰에 참여할 때 고객사의 분야, 규모에 따라 회사소개서에서 강조해야 할 부분이 달라지니까요.

회사를 객관적으로 보면 회사소개서에서 강조해야 하는 부분이 보입니다. 안전 이슈가 있었던 고객사라면 안전을 강조하고, 재계약이 필요하면 계약 기간 동안의 고객사 운영 실적을 강조해야겠죠.

그래도 회사소개서를 복붙해야겠다면 적어도 운영이 종료된 업체를 넣거나, 새로 수주한 회사를 빼먹는 실수를 하지 않아야 합니다. 실수를 피하기 위해서는 분기, 연별로 회사소개서를 미리 업데이트해 놓아야 합니다.

5장
구조화부터 시작하라

📝 구조화가 먼저다

〈인셉션〉, 〈메멘토〉, 〈테넷〉 등의 작품으로 국내에서도 유명한 크리스토퍼 놀런Christopher Nolan 감독은 이야기를 구조화하고 플롯화하는 데 탁월해 '플롯의 마술사'라고도 불립니다. 한 인터뷰에서 크리스토퍼 놀런 감독에게 영화를 만들 때 구조를 먼저 생각하고 이야기를 쓰는지, 이야기를 먼저 생각하고 구조를 나중에 구상하는지 물었습니다.

> 저는 항상 영화의 구조를 구상하고 이야기를 어떻게 풀어 갈지 결정합니다. 구조를 정하기 전엔 어떤 이야기도 쓰지 않죠. 노트에 메모하고, 도표를 그리고, 정보를 어떻게 배열할지 생각하며 구조를 그려 나갑니다. 저에겐 굉장히 중요한 과정이고, 이 과정을 즐기죠.

제안서를 작성할 때 많은 담당자가 전략을 도출하자마자 바로 글부터 작성하려 합니다. 하지만 제안서는 분량이 많고, 여러 명이 동시에 작업하는 경우도 있기 때문에 제안서를 작성하기 전에 기본적으로 구조화를 먼저 진행하는 것이 좋습니다. 구조를 잡지 않고 바로 작업해 버리면 작업에 참여하는 모두가 길을 잃어버릴 수 있으니까요.

📝 논리의 뼈대가 되는 목차 작성하기

제안서의 목차를 작성할 때는 제안요청서가 있는 경우와 없는 경우로 나눌 수 있습니다. '경쟁입찰에 제안요청서가 없는 경우도 있나요?' 하고 의아해하실 수 있는데요, 규모가 작거나, 경쟁입찰을 처음 진행하는 경우는 제안요청서 없이 요청 사항을 아주 간단하게 안내하는 경우도 있습니다.

제안요청서가 없는 경우

제안요청서가 없는 경우 담당자가 직접 제안서의 목차를 잡아야 합니다. 조금 막막할 수 있지만 방법은 다 있습니다.

첫 번째 방법은 스토리 라인을 중심으로 구상하는 것입니다. 내용의 흐름에 따라 자유롭게 목차를 잡을 수 있어 가장 쉽게 진행할 수 있는 방법입니다. 두 번째는 고객이 중요하게 생각하는 것부터 순서대로 목차에 작성하는 겁니다. 고객이 궁금해하는 부분이나, 사업의 핵심 이슈를 먼저 작성하는 거죠. 마지막으로 목차 초안을 고객사에 보내 협의하는 것도 방법입니다. 제안요청서가 없으니 '이런 순서로 준비하려고 하려고 하는데 괜찮을까요?' 하고 검토를 요청하는 겁니다.

제안요청서가 있는 경우

제안요청서가 있는 경우 목차는 심사위원이 평가하기 쉽게 제안요청서 순서에 맞춰 작성하는 것이 좋습니다. 다만 제공되는 제안요청서가 완벽하지 않을 수 있기 때문에, 제안서에 꼭 필요한 내용이 제안요청서에서 빠져 있다면 세부 항목을 통해 추가합니다. 이때는 우선 고객이 중요하게 생각하는 것부터 순위에 맞춰 넣으시면 됩니다.

> **✏️ 실무 노트**
>
> 제안서와 발표 자료에 관한 언급이 따로 없다면 두 자료는 구분하여 만드는 것이 좋습니다. 제안서와 달리 프레젠테이션은 들으며 평가하는 자료이기 때문입니다.

반면 제안서와 프레젠테이션 자료를 동일하게 제출해야 하는 경우에는 제안요청서가 있음에도 제안요청서와 목차를 다르게 구성하기도 합니다. 이때는 제안서에 목차를 달리한 이유를 설명하거나, 심사위원이 항목을 찾기 쉽게 목차에 페이지 번호를 따로 작성하는 것이 좋습니다.

제안요청서가 없는 경우	제안요청서가 있는 경우
스토리라인 중심으로 자유롭게 구성	제안요청서에 의거하여 작성
고객이 중요하게 생각하는 것부터 순서대로 작성	제안요청서에 빠진 내용 하위 항목으로 추가
목차 초안을 고객사에 보내 협의	제안요청서와 목차가 다른 경우 이유를 설명

빈틈없는 논리가 구조화를 완성한다

고객사를 설득하기 위해 가장 중요한 것이 바로 논리입니다. 하지만 방대한 분량의 제안서를 작성하다 보면 논리 사이사이 빈틈이 생기기 마련이죠. 이와 같은 문제를 예방하기 위해서 선행하는 것이 바로 구조화입니다.

이때 필요한 것이 바로 '피라미드 구조'입니다. 피라미드 구조는 세계적인 컨설팅 회사 맥킨지 & 컴퍼니 McKinsey & Company의 최초 여성 컨설턴트였던 바바라 민토 Barbara Minto가 《바바라 민토, 논리의 기술》 더난출판사, 2019에서 소개한 방법입니다. 제안서가 논리적으로 옳은지 파악할 수 있는 기본 구조로, 세로의 법칙과 가로의 법칙을 고려하여 작성해야 하는데, 그 방법을 소개해 드리겠습니다.

☑ 비약을 방지하는 세로의 법칙

세로의 법칙은 피라미드 구조를 구성하는 첫 번째 원칙으로 논리의 비약을 방지하기 위해 고안되었습니다. 'So What?'과 'Why So?'가 핵심으로 'So What?'에 의해 도출된 결론과 'Why So?'로 도출되는 근거가 서로 논리성을 갖추고 있어야 한다는 것입니다. 두 질문이 서로를 검증함으로써 논리적 비약을 피하는 것이죠.

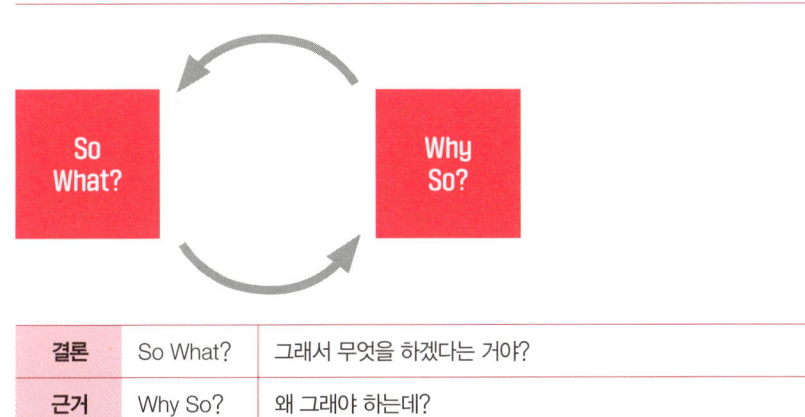

결론	So What?	그래서 무엇을 하겠다는 거야?
근거	Why So?	왜 그래야 하는데?

세로의 법칙을 어떻게 제안서에 적용할 수 있을까요? 'So What?'은 고객사에게 전달할 메시지의 핵심을 한 문장으로 명확하게 전달하기 위한 질문입니다. 이 제안이 왜 중요한지, 고객사가 납득하도록 전달해야겠죠. 그리고 'Why So?'는 위의 결론에 대한 믿을 수 있고 타당한 근거를 제시하기 위한 질문입니다. 의견에 그치는 것이 아닌, 논리적이고 구체적인 근거에 기반하고 있음을 보여 주어야 하죠. 이 2가지 질문이 서로 맞물려 결론 사이사이의 논리를 검증하는 것입니다.

결론	So What?	공간별로 세로 적재를 활용하겠습니다.
근거	Why So?	① 귀사의 제품군은 다품종이고 수량도 상이하며 ② 세로 적재는 공간을 최대한 확보할 수 있고 ③ 자투리 공간을 활용하여 비주력 제품을 효율적으로 적재할 수 있기 때문입니다.

📝 중복과 누락을 방지하는 가로의 법칙

가로의 법칙은 피라미드 구조를 구성하는 두 번째 원칙으로 중복과 누락을 방지하기 위해 고안되었습니다. 'MECE'라고 불리는 이 원칙은 제안서 컨설팅 할 때 가장 기본이 되는 중요한 개념입니다.

MECE^{Mutually Exclusive Collectively Exhaustive}는 합리적인 의사 결정을 위한 기본적인 방법으로 상호 배타적인 항목들이 모였을 때 완전히 전체를 이루는 것을 의미합니다. 이는 서로 완전히 다른 요소가 나열되어 중복되지 않고, 이 요소들을 합하면 전체와 일치해야 한다는 뜻으로 MECE를 활용하면 모든 요소들을 빠짐없이 검토할 수 있죠. 질과 양, 장점과 단점과 같은 반대 개념이나 과거, 현재, 미래나 오전, 오후로 나뉘는 순서에 의한 전개 방법이 대표적인 MECE입니다.

MECE가 실제 어떻게 적용되는지 예를 들어 보겠습니다. 제가 강의에서 수강생에게 프레젠테이션을 위해 필요한 스킬에는 무엇이 있는지 물어봤더니 다음과 같이 대답했습니다.

1	스크립트 작성
2	발표 전략
3	말하는 화법
4	목소리 강조
5	제스처
6	질의응답 준비
7	스토리텔링

먼저 나온 7가지 스킬을 'MECE 하게' 묶어 볼까요. 우선 저는 '음성적인 것'과 '음성적이지 않은 것'으로 나눠 보았습니다. 처음 분류를 할 때 전체가 포함되면서 빠지지 않는 분류법을 사용해야 합니다. 분류가 3가지가 넘어가면 복잡할 수 있으니 처음에는 2가지로 연습해 보세요.

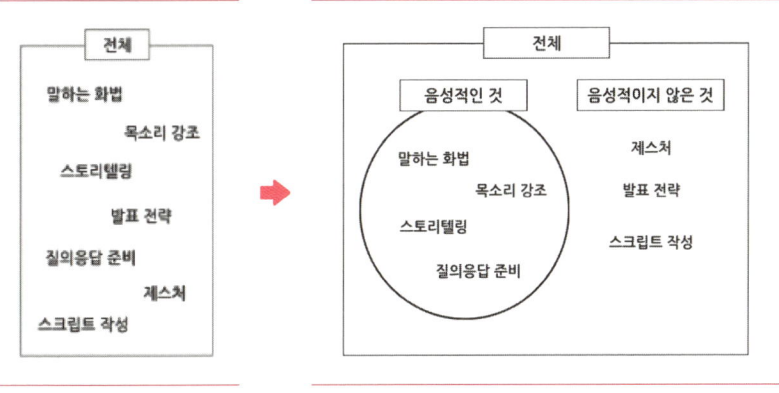

위의 그림을 표로 정리해 보겠습니다. 우선 음성적인 것과 음성적이지 않은 것으로 나눌 수 있겠죠.

음성적인 것	말하는 화법, 목소리 강조, 스토리텔링, 질의응답 준비
음성적이지 않은 것	발표 전략, 제스처, 스크립트 작성

'음성'이라는 기준을 첫 번째로 삼았다면, 두 번째 기준을 세워 더 세세하게 나눠 보겠습니다. 발표가 진행되는 시간의 흐름에 따라 '발표 전', '발표 중', '발표 후'로 나누어 본다면 아래 표와 같겠죠. 저는 시간의 흐름을 기준으로 삼았지만 다른 방법으로도 얼마든지 기준을 나눌 수 있습니다.

	발표 전	발표 중	발표 후
음성적인 것	-	말하는 화법 목소리 강조 스토리텔링	질의응답 준비
음성적이지 않은 것	발표 전략 스크립트 작성	제스처	-

이렇게 MECE로 정리를 하면 기억하기 쉽게 우리의 내용을 전달할 수 있고 원하는 콘셉트를 녹이기 수월하다는 장점이 있습니다.

MECE를 실제로 적용해 보았는데요, MECE에서 '중복되지 않고, 빠짐없이' 분류하는 것 말고도 고려해야 할 것이 하나 더 있습니다. 바로 동질성입니다. 실제로 컨설팅에서 함께 제안서를 작성하다 보면, 많은 담당자 분들이 동질성의 개념을 혼동하곤 합니다. 동질성은 분류 안에 있는 아이디어가 동일한 유형을 지녀야 한다는 뜻입니다. 즉 함께 묶여 있는 아이디어끼리 레벨이 맞아야 한다는 것이죠. 점심 메뉴로 한식, 중식, 일식을 고민하고 있는데 갑자기 커피 이야기를 한다면 동질성에 어긋나는 것입니다.

예를 들어 라이프 스타일을 높여주는 콘셉트의 아파트 광고 전략 제안서를 작성한다고 가정해 보겠습니다. 커뮤니티 활성화를 위해 ❶ 지역 이슈화 전략, ❷ 지역 고급화 전략, ❸ 입주민 키즈 카페 입점을 제시한다면, ❶, ❷ 전략은 지역과 관련한 사업 전략의 범주로 묶을 수 있습니다. 하지만 ❸ 키즈 카페 입점은 사업 전략보다는 지역 내 이슈화 전략의 하위 범주인 실행 과제 정도로 볼 수 있죠. 이와 같이 제시한 내용의 범주가 다르면 서로 동질성을 갖지 못하기 때문에 MECE 하다고 할 수 없습니다.

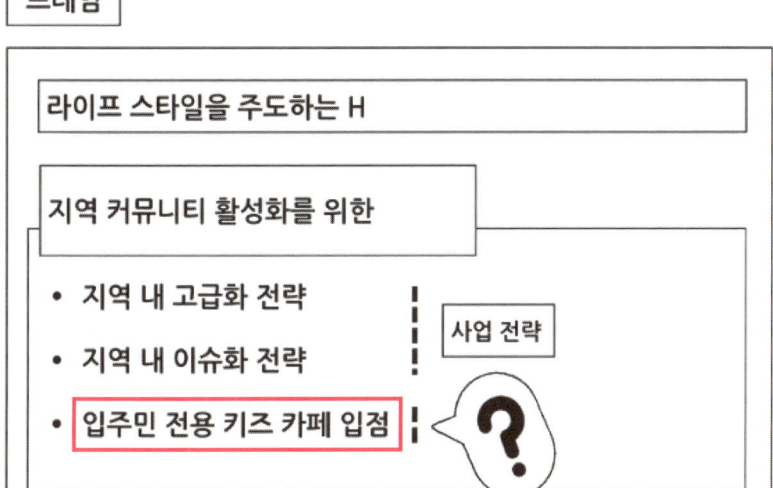

📝 피라미드 구조를 위해 기억해야 할 원칙

세로의 법칙과 가로의 법칙을 알았다면, 이제 논리적으로 빈틈없는 결론을 도출해 볼 수 있겠죠. 피라미드 구조를 통해 담당자는 고객사가 이해하기 쉬운 핵심 메시지Key Message를 전달할 수 있습니다.

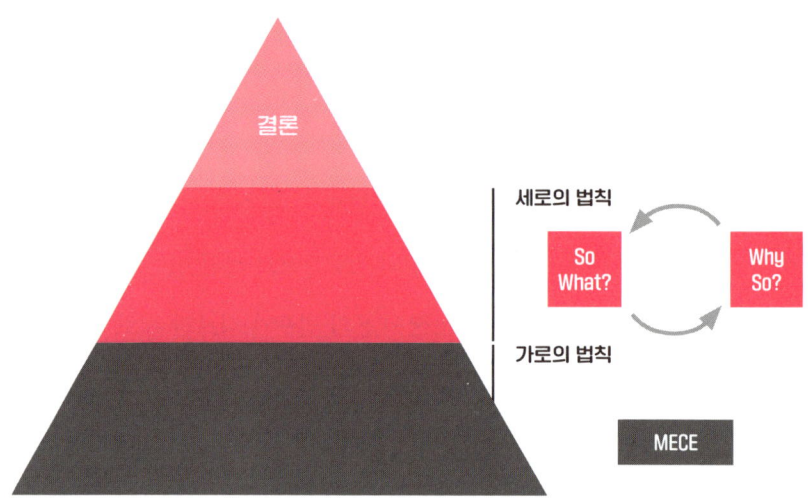

▲ 가로의 법칙과 세로의 법칙을 바탕으로 한 결론 도출

마지막으로 피라미드 구조를 사용할 때 기억해야 할 3가지 원칙이 있습니다. 첫 번째로 메시지는 중요도 순으로 나열해야 한다는 점입니다. 핵심 메시지부터 시작해 덜 중요한 하위 메시지 순서로 전개하는 것이죠. 같은 인력 운영 계획이라도 고객사에서 외국인 채용을 중요하게 생각하고 있다면 이 부분을 가장 먼저 작성하고, 근로 환경이나 평가 지표는 다음에 배치하는 것입니다. 두 번째로는 각각의 핵심 메시지는 하위 메시지와 인과관계가 분명해야 합니다. 핵심 메시지에서 생산성을 높이겠다고 했으면 그래야 하는 이유와 방법이 명확하게 나와야 하는 것입니다. 인과관계가 부족한 제안은 심사위원에게 결코 좋은 점수를 받을 수 없습니다. 마지막으로 동일 선상에 놓인 메시지는 단계, 발생 순서, 중요도 등을 따져 적절한 순서에 배치합니다. 적절한 배치를 통해 읽는 사람의 이해도를 높일 수 있습니다.

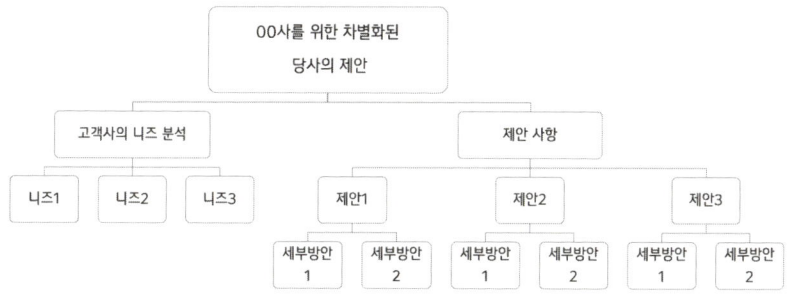

> **✏️ 실무 노트**
>
> 피라미드 구조는 제안서 전체에만 적용되는 것이 아니라 세부 페이지에도 적용될 수 있습니다. 제안서에서 세부 페이지는 탄탄한 논리 구조를 가져야 하는 축소판이기 때문이죠.

여러분이 도출하는 결론은 세로의 법칙과 가로의 법칙을 모두 통과한 논리적인 결론이어야 합니다. 그래야 고객사를 설득할 수 있습니다.

근거 없이는 제안도 없다

제안서 컨설팅을 하다 보면 제안은 참신하나, 근거가 부족한 경우가 있습니다. 제안서는 심사위원이 받아들일 수밖에 없는 타당한 이유를 제시하고, 거기에 맞는 근거를 하나하나 제시하는 것이 중요합니다. 이를 해내지 못하면 제안서의 신뢰도가 큰 타격을 입죠. 심사위원이 제안서를 읽었을 때 의구심이 들거나, 의문이 생긴다면 제안에 대한 논리적인 근거를 제대로 제시하지 못한 것입니다.

풍부한 근거는 공들여 작성한 제안서의 품질을 끌어올릴 수 있습니다. 여기 근거로 사용하기 좋은 예시를 소개하겠습니다.

📝 출처 표기

제안서를 작성하다 보면 다양한 자료를 참고하게 됩니다. '중앙일보 대학평가'나, '하버드 비즈니스 리뷰'와 같은 권위있는 출처는 제안서의 신뢰도를 높일 수 있습니다. 이때 참고한 자료의 출처를 표기해 제안서와 담당자의 신뢰성 높여 보세요.

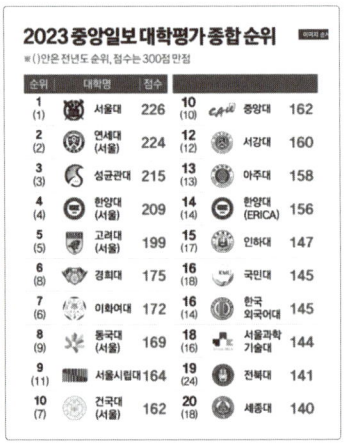

📝 사실

사실은 현재 일어난 일, 실제로 있었던 일을 말합니다. 객관적이고 정확한 사실은 있는 그대로 근거가 될 수 있죠. 자격증 보유 현황이나 주요 사업 실적 등 회사가 쌓은 업력이 이 부분에 해당합니다.

'업계 유일 10년 연속 브랜드 평가 1위 수상', '국내 모바일 시장 점유율 65%'와 같은 사실은 그 자체만으로 '기업이 최상의 서비스 품질을 제공하고 있다'는 근거가 될 수 있습니다. 무엇보다 사실을 근거로 제시할 때는 숫자를 활용하는 것이 좋습니다.

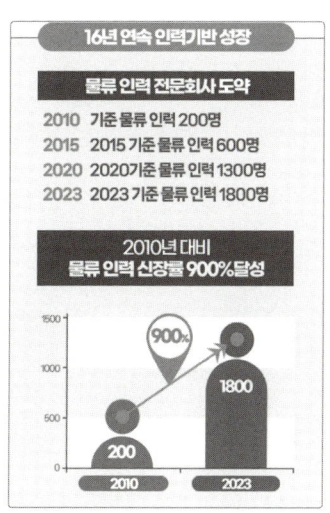

사례

사례란 어떤 일이 실제로 일어난 예를 뜻합니다. 사실과 비슷할 수 있지만, 사실이 있는 일을 그대로 보여 주는 것이라면, 사례는 있었던 일을 활용해 비슷한 결의 주제를 설명한다는 점이 다릅니다. 제안서에 계획이나 구상을 담을 때 고객사와 유사한 운영 사례는 충분한 근거가 될 수 있습니다. 제안서에 실제 사진을 첨부한다면 더 좋습니다.

'안전 컨설팅으로 고객사의 비용을 절감해드리겠습니다'라는 주장만 하는 것이 아니라 실제 컨설팅을 진행했던 B 기업에서 어떤 내용을 도출했고, 컨설팅을 통해 비용을 얼마나 절감할 수 있는지를 설명한다면, 고객사 입장에서는 더 쉽게 신뢰할 할 수 있겠죠.

증언

증언은 어떤 사실을 증명하거나, 증명하는 말을 뜻합니다. 제안서에서 활용할 수 있는 증언은 전문가, 사용자, 공인기관이 있습니다. 전문가의 인터뷰는 충분한 근거가 될 수 있습니다. 제안서와 관련한 전문가를 초대해 인터뷰를 담아 보세요. 한 명보다 여러 명이 좋고, 인터뷰하는 사람의 직급이나, 인지도가 높을수록 좋습니다.

증언이 꼭 사람일 필요는 없습니다. 우수 업체 표창장, 국제공인시험 인정서, 친환경 품질 보증서, ISO 인증 등 공인기관의 인증서를 근거로 삼아 기업의 우수한 운영 능력을 증명할 수 있습니다.

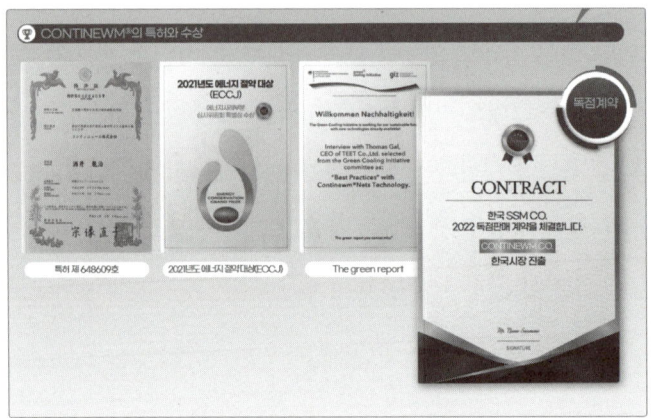

📝 시연

시연은 콘텐츠를 일반에게 공개하기 전에 시험적으로 보여 주는 것을 말합니다. 새로운 기술을 선보일 때 많이 활용되죠. 복잡한 기술을 글이나 말로 설명하기보다 직접 보여 주면 쉽게 이해하고 큰 임팩트를 줄 수 있습니다.

제안서에서도 이를 활용할 수 있습니다. 전시회, 지역 행사, 인테리어 제안서처럼 부스 디자인, 인테리어 설계도, 동선, 무대 연출이 어떻게 구현되는지 등 글로는 설명이 부족할 때가 있습니다. 이때는 3D 투시도나 조감도를 통해 설명에 현장감을 더해 보세요. 이렇게 이미지로 설명하면 복잡한 설명을 덧붙이지 않아도 심사위원이 쉽게 이해할 수 있어, 제안서의 신뢰도를 높일 수 있습니다.

📝 통계

통계란 어떤 현상을 종합적으로 한눈에 알아보기 쉽게 숫자로 나타낸 것을 뜻합니다. 무엇보다 객관적인 결과를 제공하기 하기 때문에 제안의 타당성을 뒷받침할 수 있고, 충분한 신뢰를 얻을 수 있다는 장점이 있습니다.

6장
고객사를 위한 제안서를 써라

📝 핵심부터 전달하는 두괄식 구성

비즈니스 글쓰기 방식은 핵심 문장 위치에 따라 크게 두괄식과 미괄식으로 나누어 볼 수 있습니다. 문서 형식, 독자, 상황에 따라 골라 활용할 수 있죠.

두괄식
핵심 문장이 먼저 나오는 형식

미괄식
핵심 문장이 마지막에 나오는 형식

핵심 문장		
근거 1	근거 2	근거3

근거 1	근거 2	근거 3
핵심 문장		

이 중 제안서에 적합한 글쓰기 방식은 두괄식입니다. 두괄식은 핵심 문장이 먼저 나와 독자에게 핵심을 빠르게 전달할 수 있다는 장점이 있습니다. 핵심 문장만 잘 파악해도 문서 전체를 이해할 수 있으니 복잡한 내용을 전달해야 할 때 효과적이죠.

제안서에 두괄식을 사용해야 하는 첫 번째 이유는 의외로 심사위원 대부분이 전문가가 아니기 때문입니다. 두괄식 제안서는 해당 분야에 대한 이해가 부족한 심사위원이 더 쉽고 빠르게 제안서를 이해할 수 있게 합니다. 두 번째 이유는 심사위원에게 제안서 심사를 위해 주어지는 시간이 촉박하기 때문입니다. 심사위원은 입찰에 참여한 모든 업체들의 방대한 분량의 제안서를 꼼꼼하게 읽을 시간이 많지 않습니다. 그러므로 더 빠르고, 쉽게 내용을 파악할 수 있는 두괄식 제안서에 눈이 갈 수밖에 없죠. 제안서에 두괄식을 적용하여 작성하는 방법을 살펴보겠습니다.

📝 두괄식 목차 구성

두괄식 구성은 우선 제안서 목차에 적용해 볼 수 있습니다. 두괄식 제안서 작성법을 설명하기 앞서, 우선 제안서에서 목차를 구성하는 파트와 챕터를 알아보겠습니다.

파트			
	I 제안 개요	II 제안업체 현황	III 사업수행 계획
챕터	1. 제안목적 2. 제안범위 3. 당사의 특장점	1. 일반현황 2. 조직 및 인원 3. 주요사업내용 4. 주요사업실적 5. 기업재무 건전성	1. 추진일정계획 2. 투입인력 및 이력사항 3. 보고 및 검토계획 4. 기타 관리방안

> ✏️ **실무 노트**
>
> 내용이 복잡한 경우 챕터 아래 1.1, 1.2, 1.3…과 같은 '섹션'이 추가되기도 합니다.

파트와 챕터는 일종의 가이드라인입니다. 파트와 챕터만 읽어도 제안서에서 어떤 이야기를 하고자 하는지 바로 알 수 있어야 하죠. 예를 들어 위의 I. '제안 개요' 파트의 '당사의 특장점' 챕터에 고객사가 필요로 하는 내용을 배치한다거나, III. '사업수행 계획' 파트의 '추진일정계획' 챕터 시작 부분에 1년 추진일정의 전체 계획을 볼 수 있도록 배치하는 것입니다.

파트	제안 개요, 제안업체 현황, 사업수행 계획 같은 제안요청서의 평가항목 부분으로, 제안요청서에 기재된 순서대로 맨 위에 배치
챕터	제안목적, 제안범위, 당사의 특장점 등 주로 파트를 뒷받침하기 위한 내용을 두괄식으로 배치

이렇게 핵심을 맨 앞에 요약해서 배치하면 바쁜 심사위원이 앞 단만 살펴보고 빠르게 넘겨도 핵심 내용을 빠트리지 않을 수 있습니다. 또한 경쟁사와 비교하며 핵심을 파악하기도 용이하겠죠.

✏️ 두괄식 페이지 구성

다음은 두괄식 페이지 구성에 대해 알아보겠습니다. 페이지의 구성은 크게 목차, 헤드 메시지, 본문까지 3가지로 구성하면 좋고, 내용이 부족하다 싶으면 특장점 요약 및 기대 효과를 추가할 수 있습니다.

```
                                              ┌──────┐
                                              │ 목차 │
                                              └──────┘
    ┌─────────────────────────────────────────────────┐
    │                   헤드 메시지                    │
    ├─────────────────────────────────────────────────┤
    │                                                 │
    │                 본문: 이유 근거 제시              │
    │                                                 │
    ├─────────────────────────────────────────────────┤
    │              특장점 요약 및 기대 효과             │
    └─────────────────────────────────────────────────┘
```

최상단의 목차는 내비게이션과 같은 역할을 합니다. 현재 페이지가 제안서의 어느 파트와 챕터에 해당되는지 매 페이지마다 목차를 적어 심사위원이 제안서를 더 쉽게 읽을 수 있도록 돕습니다.

헤드 메시지는 상단 또는 하단에 배치할 수 있습니다. 읽을 때 시선이 위에서 아래로 내려오는 것을 고려해 가급적 상단에 배치하는 것을 추천합니다. 헤드 메시지는 핵심 메시지 또는 거버닝 메시지 Governing Message 라고도 하는데요. 슬라이드에 담긴 의미를 핵심만 간략하게 작성한 문장을 말합니다.

헤드 메시지 아래에는 본문이 들어가겠죠. 헤드 메시지를 뒷받침할 수 있는 이유와 이를 뒷받침할 수 있는 근거를 넣습니다. 프로세스, 기술적 내용 등 복잡한 내용은 본문 아래에 특장점 및 기대 효과에 덧붙일 수 있습니다.

> **실무 노트**
>
> 두괄식 구성은 독자들이 제목이나 첫 문장만 읽어도 내용을 파악할 수 있다는 점에서 기사 작성 원칙과도 일맥상통합니다.

헤드 메시지에서 잊어서는 안 되는 3가지 요소

컨설팅을 진행할 때 헤드 메시지가 없는 제안서는 마치 정답을 찾아 핵심을 파악해야 하는 독해 문제와 같습니다. 심지어 시각화마저 되어 있지 않으면 제아무리 심사위원이라도 읽다 지치고 말죠.

헤드 메시지를 작성할 때는 헤드 메시지만 읽어도 제안서의 스토리 흐름이 이어지도록 작성해야 합니다. 앞과 뒤의 헤드 메시지가 잘 연결되지 않는다면 논리적인 결함이 있는지 살펴봐야 합니다. 헤드 메시지 작성이 어렵다면 프레젠테이션 자료를 만든다고 생각하고 준비해 보세요. 여러분이 말로 설명하기 편해야 읽는 사람도 쉽게 이해할 수 있습니다. 헤드 메시지를 작성할 때 고려해야 하는 요소에 대해 더 자세히 살펴볼까요.

헤드 메시지는 짧고 굵게

헤드 메시지는 심사위원을 위한 배려입니다. 길면 작성하지 않은 것이나 마찬가지입니다. 헤드 메시지는 한 문장으로 작성하세요. 도저히 줄일 수 없다 해도 최대 두 문장까지입니다. 컨설팅을 진행하다 보면, 헤드 메시지를 요약 메시지라고 생각하는 담당자가 많습니다. 그래서 헤드 메시지에 페이지의 모든 내용을 넣으려고 하다 보면 자연스럽게 문장이 길어지죠. 헤드 메시지는 담당자가 가장 '하고 싶은 말'입니다. 중요한 내용만 남기고 설명은 본문에 양보하세요.

1. 배경 및 목표
본 사업은 대규모 고객 유입 시 대응이 가능한 인프라 환경 구축, 서비스의 연속성을 보장하며 서비스 단절 없이 일원화 관리가 가능하고, 사용자 중심의 컨텐츠를 제공하는 데일리 플랫폼 구축 및 OO디지털 Asset과 연계를 제공하는 플랫폼으로 공급자와 사용자 모두에게 차별화된 건강과 금융 통합 서비스를 제공하는 B2C, B2B 통합 플랫폼 구축을 목적으로 합니다.

1. 배경 및 목표
본 사업은 대규모 고객 유입 시에도 끊김 없는 서비스를 유지하고, 사용자 중심의 편의성과 컨텐츠를 제공하는 데 있습니다.

📝 헤드 메시지는 이해할 수 있게

앞서 이야기한 긴 문장으로 작성된 헤드 메시지는 읽기 전부터 심사위원을 지치게 만들죠. 이번에는 반대의 상황입니다. 핵심 내용이 충분하지 않아 헤드 메시지의 역할을 하지 못하는 경우입니다.

> 4차 산업혁명 시대에 필요한 시스템은 아래와 같음
>
> ⬇
>
> 4차 산업혁명 시대에 필요한 시스템은 **인공지능 빅테이터와 사물 인터넷이 있음**

'아래와 같음'으로 끝나는 문장을 읽으면 무슨 내용인지 충분히 이해되시나요? 가장 궁금한 내용이 빠졌죠. 4차 산업시대에 필요한 시스템이 무엇인지가 작성되어야 합니다. 심사위원이 헤드 메시지를 읽고 '그래서 그게 뭔데?'와 같은 의문이 들면 안됩니다.

📝 헤드 메시지는 고객사를 중심으로

헤드 메시지는 고객사 중심으로 작성해야 합니다. 하지만 많은 담당자 분들이 작성자 중심 헤드 메시지를 작성하시죠. 작성자 중심 헤드 메시지의 특징은 주어에 담당자의 회사명이 나온다거나, 서술어에 담당자 회사의 장점이나 특징을 설명하는 것입니다. 헤드 메시지에 고객사와 고객사의 이익을 추가해 고객사 중심의 헤드 메시지를 만들어 보세요.

작성자 중심의 헤드 메시지
강사는 경력 10년 이상의 현장형 강사 10명으로 구성됩니다.

헤드 메시지 주어에 고객사 이름을 추가
외교부를 위한 강사는 경력 10년 차 이상의 현장형 강사진 10명입니다.

헤드 메시지 서술어에 고객사 이익을 추가
외교부를 위한 강사는 경력 10년 차 이상의 현장형 강사진 10명으로 풍부한 경험을 바탕으로 **다양한 실무 피드백을 받을 수 있습니다.**

고객사 중심의 헤드 메시지
외교부를 위한 강사는 경력 10년 차 이상의 현장형 강사진 10명으로 풍부한 경험을 바탕으로 다양한 실무 피드백을 받을 수 있습니다.

> ✏️ **실무 노트**
>
> 기억하세요. 제안서는 철저히 고객사 중심으로 작성되어야 합니다.

📝 페이지 하나에 메시지 하나

제안서 한 페이지는 하나의 메시지만으로 구성해야 합니다. 하지만 컨설팅을 진행하다 보면 한 페이지에 조금이라도 더 많은 내용을 넣고 싶어 하는 담당자가 많습니다. 한 페이지에 들어가는 내용이 많으면 많을수록 글자 크기는 작아지고, 가독성이 떨어지게 됩니다. 그러면 심사위원도 제안서의 핵심 메시지를 파악하는 데 어려움을 겪죠. 아무리 좋은 내용을 작성했다 하더라도 심사위원이 제대로 읽을 수 없다면 의미가 없습니다.

내용이 많아지면서 한 페이지에 2~4개의 내용을 분할해 구성하는 경우가 있는데요, 주장을 뒷받침하는 이유나 예시가 여러 개인 경우는 가능하지만 단순히 페이지를 축소하기 위해 페이지를 분할하면 안 됩니다. 무엇보다 페이지 전체를 아우르는 헤드 메시지를 작성하기 어려워지고, 심사위원이 필요한 내용을 빠트리고 읽을 수 있습니다.

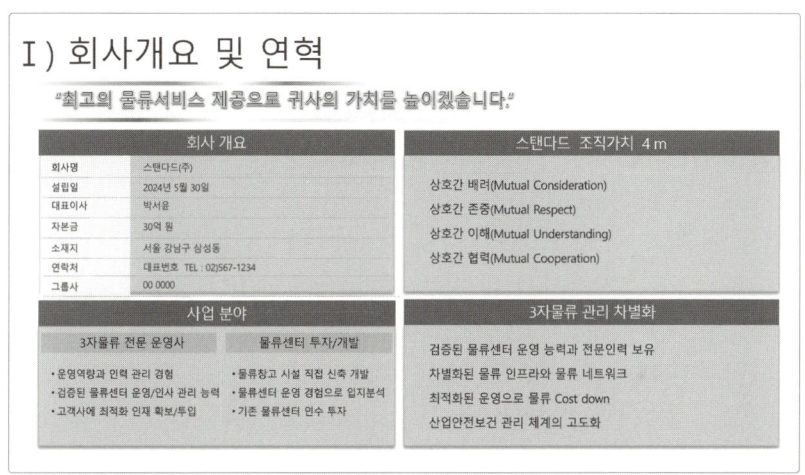

▲ 페이지를 분할한 제안서

회사 개요 및 연혁 한 페이지에 ❶ 회사 개요, ❷ 조직 가치, ❸ 사업 분야, ❹ 3자물류 관리 차별화까지 총 4가지 주제가 담긴 제안서입니다. '최고의 물류서비스 제공으로 귀사의 가치를 높이겠습니다.'라는 메시지가 와닿으시나요? 페이지에 주제가 많으니 전혀 느껴지지 않으실 겁니다. 이렇게 한 페이지에 2개 이상의 메시지를 담으면 심사위원은 제안서가 이야기하고자 하는 바를 이해할 수 없습니다.

전문 용어는 전문성을 보장하지 않는다

제안서 컨설팅에서 제안서에 전문 용어가 많아 읽기 어렵다는 피드백을 드렸습니다. 되돌아온 대답이 의외였습니다. 더 좋은 제안서를 만들기 위해서 일부러 어려운 전문 용어를 많이 썼다는 겁니다.

과연 그럴까요? 제안서 평가의 기본은 이해를 바탕으로 이루어집니다. 이해할 수 없는 내용에 좋은 점수를 줄 수는 없습니다. 제안서는 논문이나 전문서가 아닙니다. 전문가가 평가를 한다면 전문 용어로 시간을 절약할 수 있습니다. 하지만 대부분의 심사위원은 작성자만큼 전문성을 가지고 있지 않은 경우가 더 많습니다. 제안서는 기업 간 커뮤니케이션입니다. 정확한 의사가 전달되지 않는다면 다음 스텝은 없습니다.

기준은 고객사가 되어야 합니다. 고객사가 사용하는 전문 용어라면 사용해도 되겠지만, 아니라면 쉬운 용어로 작성해야 합니다.

공기, 식수

무얼 의미하는 단어들일까요? 숨쉬는 공기와 마시는 물을 떠올린 분들 많을 텐데요. 공기는 공사 기간, 식수는 식사하는 사람의 줄임말입니다. 공기는 건설 업계에서, 식수는 식품 업계에서 흔하게 사용하죠. 업계에서 흔히 사용하는 줄임말을 나도 모르게 제안서에 적용하는 경우가 있습니다. 가급적이면 줄임말은 풀어서 사용하세요.

소손(燒損)되다	CAPA
불에 타서 손상되다	용량, 수용 능력

전문 용어를 사용하는 경우에는 어려운 한자어를 제안서에 남용하는 경우도 있습니다. 가급적 우리말로 풀어서 사용하세요. 외래어 역시 우리말로 풀거나 필요하다면 영문은 괄호로 처리하는 것이 좋습니다.

제안서의 가독성을 높이는 4가지 요소

경쟁입찰 심사위원에 자주 참여하는 한 교수님은 기업이 제공하는 제안서만으로는 하고자 하는 말을 이해하기 어려운 경우가 많아서 우선 프레젠테이션부터 듣고, 그제야 관심이 가는 업체의 제안서를 자세히 읽는다 합니다. 제안서는 누구나 이해할 수 있도록 쉽게 작성해야 합니다. 그래야 심사위원도 여러분의 제안서를 이해할 수 있습니다. 누구나 쉽게 읽을 수 있는 가독성 높은 제안서 작성의 기본 원칙에 대해 알아보겠습니다.

구체성

잘 읽히는 메시지를 작성할 때 기억해야 하는 점은 바로 '구체성'입니다. 제안서 컨설팅 업체 '피티스탠다드'의 홍보 문구로 '피티스탠다드는 업계 최고의 재계약율로 고객과의 신뢰를 가장 중요하게 생각하고 있습니다'는 구체적이지 않죠. 제안서 메시지는 우리 회사의 장점을 고객사에게 구체적으로 어필

할 수 있어야 합니다. 구체성을 더하기 위해 수치를 추가해 볼까요? '피티스탠다드는 **97%의 재계약율**로 고객과의 신뢰를 가장 중요하게 생각하고 있습니다' 같은 문구는 수치가 한눈에 들어와 신뢰를 줄 수 있죠.

> 피티스탠다드는 업계 최고의 재계약율로 고객과의 신뢰를 가장 중요하게 생각하고 있습니다.

> 피티스탠다드는 **97%의 재계약율**로 고객과의 신뢰를 가장 중요하게 생각하고 있습니다.

제안서 메시지를 구체적으로 작성해야 하는 두 번째 이유는 '주장에 힘을 실기 위해서'입니다. 특히 목표에 구체적인 숫자를 사용한다면 해석할 필요 없이 구체적인 목표를 그릴 수 있겠죠. '중대재해처벌법'과 관련해 안전 관련 문구를 작성한다고 생각해 보겠습니다.

> 안전한 환경을 구축하겠습니다.

> **추락 사고를 줄여** 안전한 환경을 구축하겠습니다.

> **추락 사고를 10% 줄여** 안전한 환경을 구축하겠습니다.

우선 '안전한 환경을 구축하겠습니다'라는 문구는 너무나 모호합니다. 무엇보다 안전한 환경이라는 주제의 범주가 너무 넓죠. 여기에 '추락 사고를 줄이겠다'는 말을 추가하고, 마지막으로 구체적인 목표를 수치로 추가하면 심사위원은 여러분이 말하는 안전한 환경 구축이 무엇을 의미하는지 확실히 이해할 수 있겠죠.

📝 직독성

직독성이란 표, 그래프, 사진, 영상 등 다양한 시각 자료를 동원해 제안서를 즉시 이해할 수 있도록 하는 것입니다. 3M의 연구에 따르면 우리의 뇌는 그래픽을 텍스트에 비해 약 60,000배 빠르게 처리한다고 합니다. 심사위원이라 해도 제안서에 글자만 빼곡하다면 읽다 지칠 수밖에 없습니다. 제안서 사이사이 시각 자료를 추가해 직독성을 높이세요.

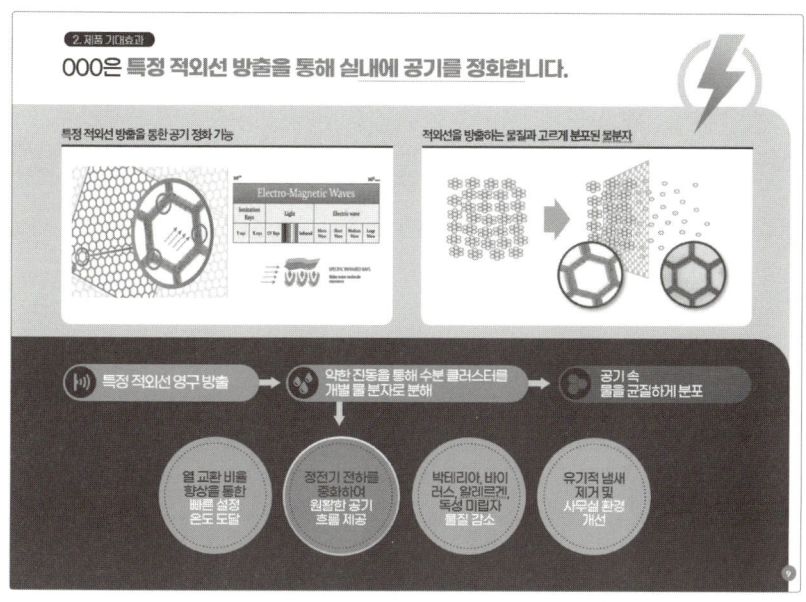

▲ 시각 자료를 충분히 활용한 제안서

📝 개조식 문장

개조식이란 글을 쓸 때 짧고 간결하게 핵심, 단어 등을 나열하는 방식입니다. 군더더기 없는 개조식 문장은 읽는 사람이 핵심을 파악하기 용이합니다. 같은 내용이라도 개조식 문장에 더 눈이 가는 이유입니다. 다음 예시를 볼까요?

자사의 장점	자사의 장점
자사는 29년 한길만 달려왔고, 서비스표 등록을 완료, 기업 부설 연구소로 인정받았으며, 대한민국 유망 브랜드 대상을 2년 연속 수상을 했습니다.	• 1991년 설립 후 29년 성장 • 서비스표등록 완료 • 대한민국 유망 브랜드 대상 2년 연속 수상

제안서 담당자를 만나 보면 개조식 문장으로 쓰라는 건 알겠는데, 제안서를 쓰다 보면 나도 모르게 문장이 길어진다는 분들이 많습니다. 문장이 길어지는 이유는 욕심과 중복에 있습니다. 다음 3가지 방법으로 개조식 문장을 만들어 보세요.

1	중복어 없애기	중요한 핵심, 각 계열사별 매출
2	의미 없는 음절 없애기	A지역에 **있어서는** → A지역**에서는**
3	겹말 없애기	5톤 **무게의** 원료 → 5톤 원료

강조

심사위원이 꼭 읽었으면 하는 중요한 문장은 굵게, 밑줄, 음영, 형광 등과 같은 방법으로 강조해 주세요. 제안서는 내용이 빼곡하기 때문에 중요한 문장은 위의 방법으로 강조해야 심사위원이 놓치지 않습니다.

> **차별화 전략 03 체계적인 교육**
> 직무 및 안전, 서비스 3개 축을 중심으로 **단계별** 교육을 진행하여 전문 물류인으로 도약하여 <mark>최상의 서비스 역량을 제고</mark>하고 있습니다.

▲ 여러 강조를 추가한 핵심 메시지

강조에서 무엇보다 중요한 것은 강조한 부분만 읽어도 충분해야 한다는 점입니다. 이를 위해서 제안서에서 중요한 부분이 무엇인지, 하고자 하는 말이 무엇인지 정확하게 파악하고 있어야 합니다.

7장
디자인보다 메시지에 집중하라

제안서 디자인은 목적이 다르다

많은 분들이 파워포인트 작업을 부담스러워 하십니다. 아무래도 기능도 익숙하지 않고, 디자이너가 아니니 멋있는 디자인을 만들기 어렵기 때문이죠. 하지만 여러분은 전문 디자이너가 아닙니다. 여러분이 디자인에서 가장 먼저 생각해야 할 것은 '어떤 메시지를 전달할 것인가'입니다. 진짜 좋은 디자인은 여러분이 전하고자 하는 메시지를 단번에 알 수 있는 디자인입니다.

> **실무 노트**
>
> 현장에서는 '장표'라는 단어도 많이 사용됩니다. 하지만 이 책에서는 '슬라이드'라는 단어를 사용하겠습니다.

템플릿은 콘셉트가 분명하게

템플릿은 틀입니다. 보통 반복되는 구조를 템플릿으로 미리 만들어 놓고, 그 안에 내용만 수정하죠. 처음부터 끝까지 통일된 디자인을 유지하기 위해서는 템플릿을 잘 활용해야 합니다.

템플릿에는 제안서의 콘셉트를 녹여야 합니다. 앞서 제안서를 처음 작성하는 담당자가 고민할 시간도 없이 파워포인트를 열어 작업을 시작했다는 사례를 말씀드렸는데, 그러면 안 되는 이유가 이제 어느 정도 짐작 가시나요? 제안서를 완성하고, 차별화된 콘셉트가 나와야 그 콘셉트를 템플릿에 적용할 수 있기 때문입니다. 제안서와 파워포인트 디자인, 프레젠테이션은 전달 방식만 다를 뿐, 모두 같은 메시지를 품고 있습니다. 콘셉트를 적용하기 위한 템플릿 만드는 법에 대해서 알아보겠습니다.

키워드

디자인 콘셉트를 잡을 때 제안서에 등장하는 전략, 메시지 속 키워드를 활용하면 좋습니다. 예를 들어 '하이트진로'가 발주한 사업 제안서에 '열정, 뜨거운, 에너지' 등 같은 키워드를 도출했다면, 그 키워드로 이미지를 만들어 냅니다. 열정적인 콘셉트냐 냉철하고 이성적인 콘셉트냐에 따라 디자인 방향성이 결정되는 것이죠. 이때 가장 중요한 것은 고객사의 CI, 컬러, 이미지를 활용해 디자인해야 한다는 것입니다.

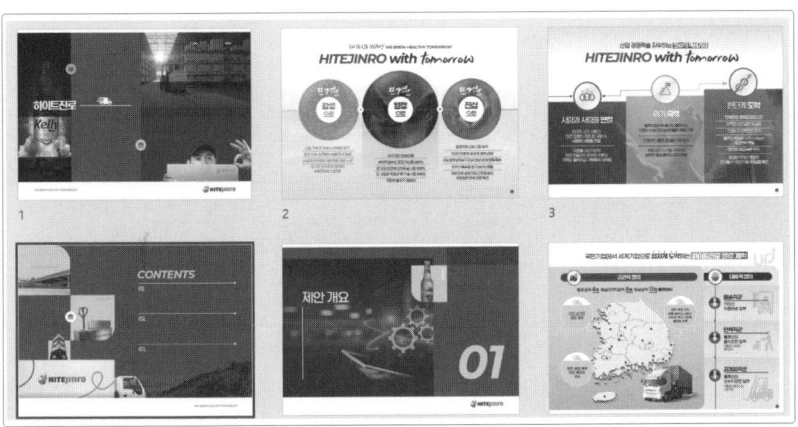

구성

키워드를 활용해 디자인 방향을 잡았다면, 이제 템플릿을 만들어야 합니다. 통일된 디자인을 위해서는 프레젠테이션을 구성하는 표지, 목차, 간지, 내용 페이지, 마지막 페이지까지 5가지 항목에서 콘셉트를 잘 유지하며 만들어야 합니다.

■ 1. 표지

표지에는 입찰명, 입찰 일자, 고객사 로고, 자사의 로고 등을 넣습니다. 표지는 제안서 표지나 프레젠테이션 첫 화면으로 활용하기 때문에 깔끔하고, 가독성 좋게 만들어야 합니다.

표지에 고객사의 CI, 컬러, 건물과 같은 이미지를 활용해 고객사의 이미지를 담는 것도 좋은 방법입니다. 다만 너무 많은 이미지를 추가하는 것은 입찰명 등 정보가 보이지 않을 수 있으므로 주의하시기 바랍니다.

/ 실무 노트

표지 콘셉트를 잡기 위해서는 기업 분석이 우선입니다. 템플릿을 구성하기 전, 기업 홈페이지에서 기업이 주로 사용하는 컬러, 폰트, 이미지 등을 잘 확인해 보세요.

■ 2. 목차

목차는 최대한 표지와 통일성을 유지하여 디자인합니다. 표지에서 사용한 컬러를 사용하고, 표지에 곡선을 사용했다면 목차도 곡선을 사용하거나, 표지에서 사용한 이미지를 다시 목차에 배치하는 것도 방법입니다.

목차는 제안서와 프레젠테이션에 따라 다르게 구성하는 것이 좋습니다. 제안서로 제출할 때는 심사위원이 쉽게 찾을 수 있도록 목차를 디테일하게 작성하고, 각각의 항목에 페이지 번호를 넣습니다. 반면 프레젠테이션은 중요한 내용만 전달하기 위해 목차를 3~4개 정도로 간소하게 구성합니다.

■ 3. 간지

간지(間紙)는 새로운 장에 들어가기 전에 삽입하는 슬라이드입니다. 표지, 목차와 같은 컬러와 프레임을 유지하되, 이미지에 약간의 변형을 주어 디자인해 보세요. 간지에는 같은 페이지를 사용해도 되지만, 각 내용에 맞는 이미지나 아이콘을 활용하면 단조로움을 피할 수 있습니다.

✏️ 실무 노트

저는 간지에서 앞장을 요약하고, 새로 시작하는 장을 연결하면서 프레젠테이션을 진행합니다. 간혹 프레젠테이션에서 간지를 빼는 분들이 있는데, 그러면 심사위원의 피로도가 높아집니다.

■ 4. 내용 페이지

내용 페이지에는 헤드 메시지의 크기와 위치, 폰트 등을 지정합니다. 이때 헤드 메시지보다 챕터 제목이 더 크지 않도록 합니다. 내용 페이지에서는 헤드 메시지가 가장 잘 보일 수 있도록 위치를 지정하는 것이 중요합니다.

내용 페이지를 작성하실 때는 가독성을 꼭 기억하셔야 합니다. 이를 위해서는 헤드 메시지가 한눈에 보이도록 위치, 폰트, 크기 등을 고려하는 것이 중요합니다. 헤드 메시지 아래에는 많은 내용이 들어가기 때문에 배경을 신경 써야 합니다. 너무 많은 이미지와 컬러가 들어가면 내용에 집중 할 수 없습니다. 밝은 배경에는 짙은 글씨를, 짙은 배경에는 밝은 글씨를 쓰는 보색 대비를 통해 가독성을 높여 보세요.

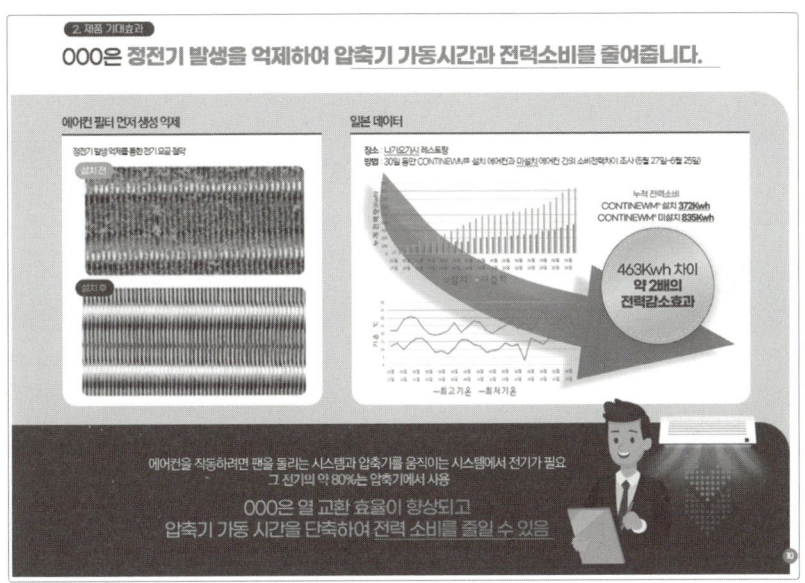

■ 5. 마지막 페이지

마지막 페이지는 감성적인 슬라이드로 마무리합니다. 제안서의 비전이나 목적을 이미지로 표현합니다. '감사합니다'와 함께 다짐, 목표와 같은 감성적인 문구를 함께 넣어도 좋습니다. 제안 프레젠테이션에서는 '감사합니다'와 함께 다음 질의응답에 대비해 'Q&A' 슬라이드를 다음 장에 넣기도 합니다.

🖊 실무 노트

파워포인트에서 [보기] 탭–'마스터 보기' 그룹을 클릭하고, [슬라이드 마스터]–'마스터 편집' 그룹의 [슬라이드 마스터 삽입]을 눌러 템플릿을 제작할 수 있습니다.

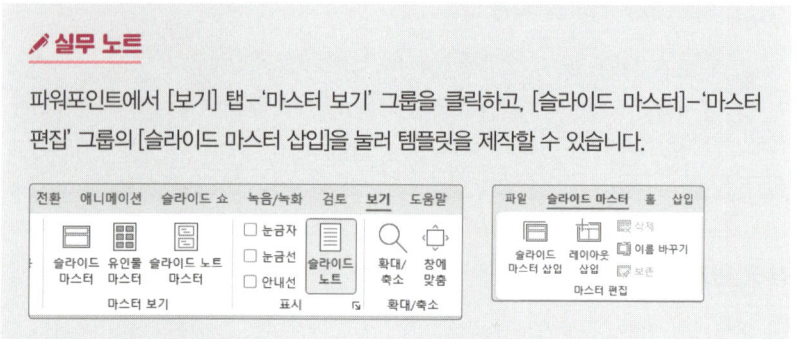

표지부터 마지막 페이지까지 통일성이 느껴지나요? 블루 톤, 곡선, 환경을 생각하는 이미지를 전반적으로 사용했습니다. 이처럼 템플릿만 보아도 제안의 방향이 느껴질 수 있도록 디자인해 보세요.

📝 레이아웃은 심사위원의 시선을 고려하여

레이아웃은 책, 신문 등에서 글이나 그림을 배치하는 일을 뜻합니다. 가구 배치에 따라 집안 분위기가 완전히 달라지는 것처럼, 레이아웃에 따라 심사위원이 읽기 편한 제안서가 되기도 하고, 몇 장 읽다가 포기하는 제안서가 되기도 합니다.

레이아웃의 목적은 독자의 시선이 자연스럽게 이동하도록 돕는 것에 있습니다. 주요 읽기 매체인 신문, 책 등을 보면 위에서 아래로, 왼쪽에서 오른쪽으로 배치가 되어 있다는 것을 알 수 있죠.

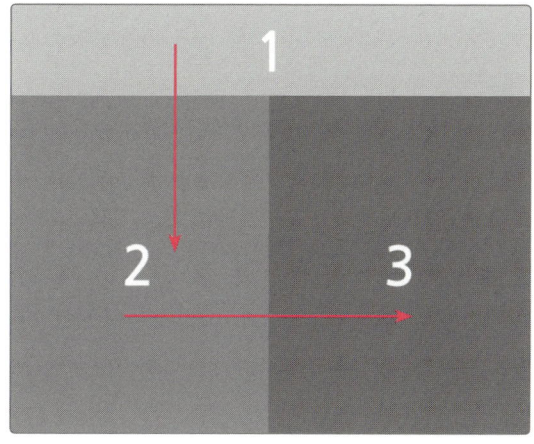

파워포인트도 마찬가지입니다. 심사위원의 시선에 따라 좌에서 우로, 위에서 아래로 흐르는 대칭 배치, 즉 'Z' 자 방향으로 흐르는 비대칭 배치를 사용하는 것이 좋습니다.

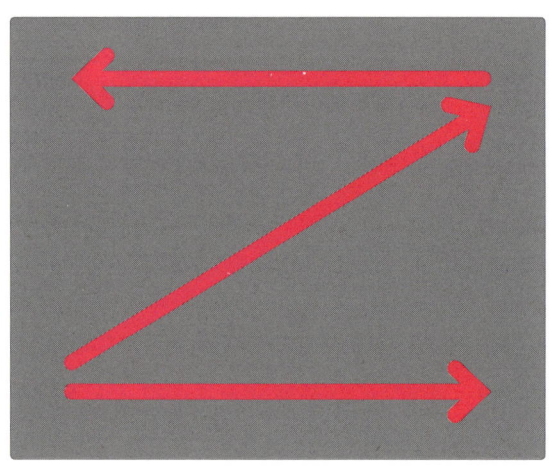

✏️ 실무 노트

레이아웃이 어렵다면 그리드를 활용해 통일감을 줘 보세요. 파워포인트 [보기] 탭-'표시' 그룹에서 [눈금자], [눈금선], [안내선]을 모두 체크하면 작업할 때만 보이는 그리드가 나타납니다.

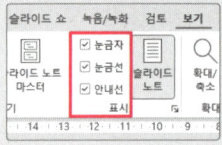

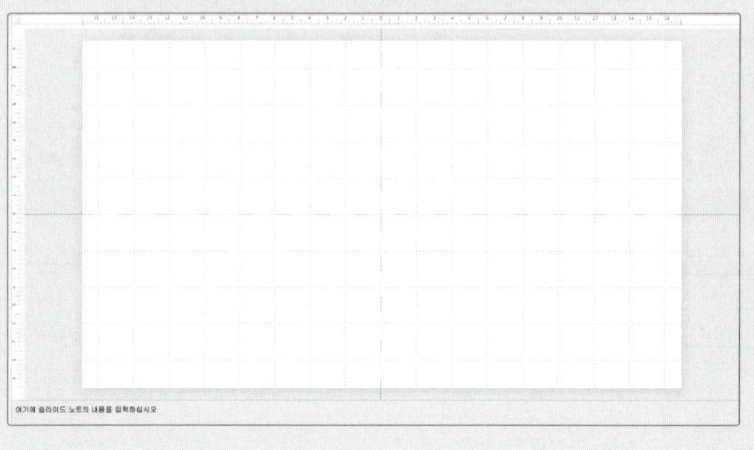

📝 디자인을 완성하는 폰트와 컬러

템플릿과 레이아웃을 정했다면 다음으로 템플릿에 들어갈 폰트와 컬러를 결정해야 합니다. 이때 중요한 건 너무 많은 폰트와 컬러를 사용하지 않는 것입니다. 예쁘고 화려한 템플릿을 만들겠다고 폰트와 컬러를 너무 많이 사용하면 오히려 완성도가 떨어지죠. 통일성 있게 사용해야 디자인의 완성도가 높아집니다.

폰트는 제안서에서 가장 중요한 비중을 차지합니다. 폰트에 따라 디자인의 완성도가 달라집니다. 폰트는 템플릿 콘셉트에 맞게 선정합니다. 예쁜 폰트가 아니라 가독성을 높여주는 폰트를 기본 폰트로 지정해야 합니다. 컬러도 완성도에서 중요한 역할을 합니다. 고객사 CI 등을 참고해 고객사에 맞는 대표적인 컬러를 선정해 표지에서 목차로 이어지는 통일성을 갖추어야 합니다.

> 🖊 **실무 노트**
>
> 디자인을 예쁘고 화려하게 꾸미고 싶어 많은 폰트와 컬러를 사용하게 되면 오히려 완성도가 떨어집니다.

📝 폰트

폰트는 가장 중요한 디자인 요소 중 하나입니다. 같은 템플릿과 디자인에서 폰트만 바꿔도 느낌이 확 달라지죠. 폰트에서 기본적으로 알아야 하는 것들 몇 가지를 살펴보겠습니다.

세리프와 산세리프

폰트는 크게 세리프와 산세리프로 나눌 수 있습니다. 세리프는 서체의 가로 세로 획 끝 부분에 돌출되어 있는 작은 부분을 뜻하는데요, 이 세리프가 있느냐, 없느냐에 따라 세리프와 산세리프로 나눠지는 것입니다. 폰트는 언제, 어디서 사용하느냐에 따라 완전 다른 분위기를 내기 때문에 각각의 특징을 미리 알아야, 상황과 방향에 맞게 폰트를 사용할 수 있습니다.

세리프	**세리프**	가독성이 좋아 책, 신문, 글이 많은 제안서 등에서 활용
산세리프	산세리프	세리프에 비해 글꼴이 두꺼워 해상도가 떨어지는 빔 프로젝트에서 활용

> ✏️ **실무 노트**
>
> 최근 폰트를 자체 제작하는 회사가 늘고 있습니다. 제안서를 작성하기 전, 고객사가 만든 폰트가 있는지 확인해 보세요. 고객사 맞춤형 제안서를 위해서는 고객사의 폰트를 사용하는 것이 기본입니다.

손글씨체

세리프와 산세리프 외에 특수한 용도로 만들어진 폰트들도 있습니다. 그중 손글씨체는 손으로 쓴 글씨처럼 보여 친근해 많은 분들이 즐겨 사용하는 폰트입니다. 하지만 가독성이 떨어지기 때문에 사용할 때 가독성에 특히 신경 써야 하는 글꼴입니다.

스크립트	손글씨체	본문에 사용하면 가독성이 저하되는 서체로 감성적인 슬라이드에 전략적으로 활용

강조

제안서에서 폰트는 3개 정도만 선택해 쓰는 것이 좋습니다. 기본, 강조, 감성 등으로 역할을 나누어 사용하는 것이죠. 무엇보다 여러분이 전문가가 아니라면 너무 많은 폰트 사용은 통일성을 해칠 수 있습니다. 여러 개의 폰트를 사용하기보다 굵기 조절, 밑줄, 음영, 형광 등을 통해 내용을 강조하는 것이 좋습니다. 폰트를 활용해서 내용을 강조하는 방법은 아래와 같습니다.

1	다른 폰트를 활용한다.
2	밑줄이나, 더 어두운 색을 활용한다.
3	폰트의 크기를 키운다.
4	도형을 활용한다.

✎ 실무 노트

내용에 맞춰 폰트를 사용하기도 합니다. 아래 이미지처럼 인터뷰에 필기체나 손글씨체를 활용하면 실제로 말하는 느낌을 효과적으로 낼 수 있습니다.

> 새로운 일에 도전하다 보면 가끔 실수를 저지를 수 있다. 자신의 실수를 빨리 인정하고 다른 시도에 집중하는 것이 최선이다.

크기

폰트의 크기도 중요합니다. 심사위원이 편하게 읽을 수 있는 크기를 설정해야 합니다. 글씨 크기는 프레젠테이션용과 인쇄용에 따라 다르게 설정하는데요, 프레젠테이션용은 화면 해상도, 조명, 거리 등을 고려하고, 인쇄용은 조금 작게 인쇄하되 가독성에 신경 써야 합니다.

	프레젠테이션용	인쇄용
제목	28pt 이상	18pt
중제목	24pt	16pt
본문 내용	14~18pt	10~12pt
참고사항	12~14pt	9~10pt

자간과 행간

아래 슬라이드가 한눈에 들어오시나요? 너무 많은 내용을 한 장에 담으려다 보니 글씨가 빼곡히 들어 차 있죠. 가독성에서 폰트만큼 중요한 요소가 바로 자간과 행간입니다.

자간은 글자와 글자 사이의 간격을 뜻합니다. 간단하게 말하자면 글자 사이 띄어쓰기 간격이죠. 자간이 너무 넓거나 좁으면 읽기 불편합니다. 적당한 자간을 유지해야 하죠. 잘 건드리지 않는 설정이지만, 담당자 분들 중에 넣고 싶은 내용이 많아지면 자간을 좁히는 경우가 많습니다.

> ✏️ **실무 노트**
> 제목이나 강조하는 부분에서는 자간을 넓히기도 합니다.

자간만큼 중요한 것이 행간입니다. 행간은 줄과 줄 간격을 말하는데요. 행간이 너무 넓으면 글이 한눈에 잘 안 들어오고, 행간이 너무 좁으면 페이지에 글도 너무 많아 답답해 보입니다.

📝 컬러

제안서에서 폰트만큼이나 컬러도 중요한 요소입니다. 심사위원 눈에 딱 들어오는 요소이기 때문이죠. 그렇다면 어떤 컬러를 활용하는 것이 좋을까요? 우선은 고객사의 CI와 BI를 먼저 확인하세요. 스타벅스와 관련한 제안을 진행한다면, 스타벅스 CI에 들어가는 하얀색, 초록색 등을 우선적으로 활용해 통일성을 높이는 것이죠.

우리의 가치

CRAFT
- 어떤 일이든 세부사항까지 엄격하게 관리합니다.
- 성장을 위해 배우고 가르쳐줍니다.
- 열정과 창의력으로 최고의 성과를 달성합니다.

RESULTS
- 집중력, 진정성, 실행력으로 목표를 달성해 나갑니다.
- 앞서나가기 위해 혁신을 주도해 나갑니다.
- 고객의 기대를 뛰어넘을 수 있도록 합니다.

COURAGE
- 더 나은 방향으로 나아갈 수 있도록 모두를 존중하고 포용합니다.
- 현실에 안주하지 않고 대담하게 아이디어를 내고 추천합니다.
- 쉽지 않더라도 옳은 일을 합니다.

> **✏️ 실무 노트**
>
> 때때로 고객사에게 참고할 만한 정보가 없을 수 있습니다. 이때는 제안서에서 키워드를 뽑아, 이에 맞는 컬러를 사용할 수 있습니다.

폰트와 마찬가지로, 컬러도 제안서에 3가지만 활용하시는 것이 좋습니다. 콘셉트에 맞는 컬러 3가지를 결정했다면 계통색, 유사색, 보색을 활용해 3가지 컬러만 사용하면서 컬러 밸런스를 유지해 보세요.

계통색	명도와 채도가 다른 컬러를 사용하는 방법
유사색	대비가 적은 컬러를 사용하는 방법
보색	반대되는 컬러를 사용하는 방법

📝 메시지를 직관적으로 전달하는 시각 자료

대부분의 고객사는 제안서를 파워포인트 형식으로 받습니다. 고객사는 왜 파워포인트 형식을 선호할까요? 그것은 파워포인트가 텍스트 중심인 한글이나 워드와 달리 이미지, 그래픽, 애니메이션 등 시각 자료를 활용해 복잡한 내용을 직관적이고 빠르게 이해할 수 있기 때문입니다. 파워포인트 형식으로 제안서를 작성해야 할 때, 필요한 것이 바로 도식화, 표, 차트입니다.

📝 도식화

도식화는 사물의 구조, 관계, 변화, 상태 따위를 그림으로 보여 주는 것을 뜻합니다. 파워포인트에서는 핵심을 논리적으로 전달하기 위해 사용하죠. 도식화의 장점은 글로 썼을 때 복잡한 내용을 단순화하여 한눈에 볼 수 있다는 점입니다. 도식화하는 방법에는 3가지가 있습니다.

먼저 키워드를 뽑아 도식화하는 방법입니다. 글에서 키워드를 뽑아 개조식 문장과 함께 구성하는 것이죠. 줄글보다 더 빠르고 정확하게 의미를 전달할 수 있습니다.

공익성	순수성, 가치지향성, 공익성을 지켜 냅니다.
효율성	공익적 가치를 생산하는 기업 이상의 효율을 추구합니다.
전문성	세계적인 수준의 전문성을 달성하고자 합니다.

두 번째는 과정과 변화를 도식화하는 방법입니다. 일정이나 절차 등을 나타낼 때 많이 사용합니다. 글보다 훨씬 직관적이고, 핵심 내용과 부연 설명이 나눠져 있어 전체 프로세스를 이해하기도 쉽습니다.

세 번째는 내용의 관계를 도식화하는 방법입니다. 문제점As-is을 왼쪽에, 개선점To-be을 오른쪽에 그려 놓으면 왼쪽에서 오른쪽으로 변해야 하다는 점이 한눈에 들어옵니다.

문제점 As-is		개선점 To-be
• 얼어 있는 자세 • 목소리 자신감 결여 • 화면과 아이컨택		• 내용과 맞는 제스처 사용 • 내용에 따라 목소리 연출 • 우호적 아이컨택 사용

실무 노트

도형 삽입이 어렵다면 파워포인트의 SmartArt를 이용해서 목록, 프로세스형, 주기형, 계층구조형, 관계형 도식화 모형을 활용할 수 있습니다. [삽입] 탭 - '일러스트레이션' 그룹의 [SmartArt]를 클릭해 메시지에 맞는 그래프를 선택해 보세요.

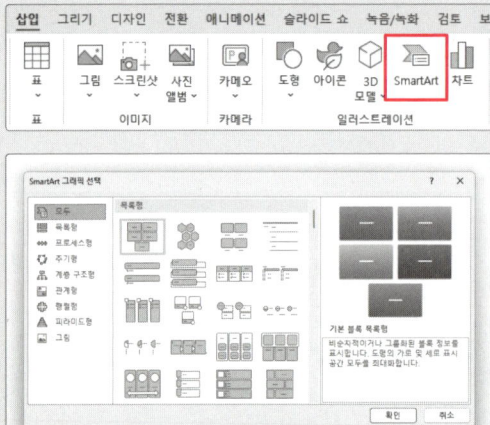

📝 표

표는 비교를 통해 근거를 제시하기 위해 사용합니다. 도식화와 마찬가지로 줄글로 데이터를 나열하는 것보다, 표로 정리해 보여 주는 것이 훨씬 효과적일 때가 많습니다.

> A 기업은 신제품 히트로 금년 매출이 전년 대비 5.6% 증가한 12억 5,000만 원이었습니다. 한편 B 기업은 경영진 교체로 인해 금년 매출이 전년 대비 2.4% 감소한 9억 9,000만 원에 그쳤습니다.

위의 내용을 표로 만들어 볼까요? 표로 만들 때는 모든 내용이 정확히 들어가도록 작성해야 합니다.

	금년 매출	전년 대비	원인
A 기업	12억 5,000만 원	5.6%	신제품의 히트
B 기업	7억 9,000만 원	-2.4%	경영진 교체

차이가 확연하죠? 표를 작성하는 이유는 글로 읽었을 때보다 데이터의 변화를 직관적으로 알 수 있기 때문입니다. 표는 복잡한 내용을 한눈에 쉽게 비교하고 이해할 수 있도록 해 주는 유용한 도구입니다.

> ✏️ **실무 노트**
> 표에서 너무 많은 컬러를 사용하지 마세요. 컬러를 사용할 때는 이유가 분명해야 합니다.

📝 차트

차트는 수치를 빠르고 쉽게 비교할 수 있도록 하고, 시각적으로 돋보이게 하는 요소입니다. 제안서에서 자주 사용하는 선, 막대, 원 그래프에 대해 알아보겠습니다.

막대 그래프

막대 그래프는 사물의 양을 막대로 나타낸 그래프입니다. 크고 작음을 한 눈에 이해할 수 있어, 분류별로 데이터를 비교하는 데 많이 사용됩니다. 세로와 가로 형식이 있는데 항목이 적으면 가로가 가독성이 좋고, 항목이 많으면 세로가 좋습니다.

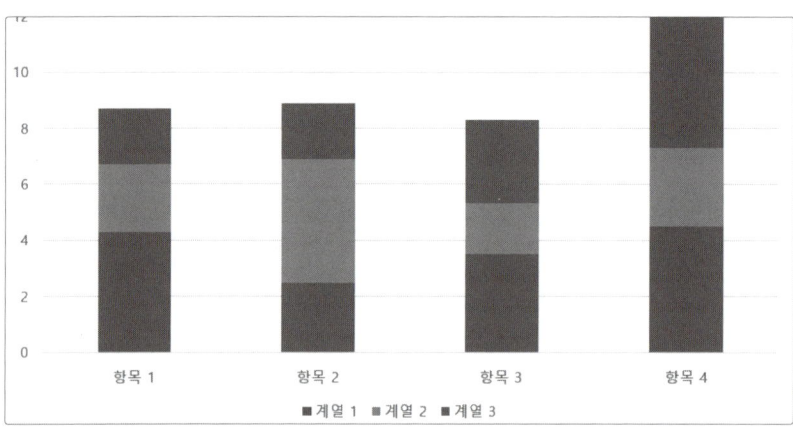

선 그래프

선 그래프는 수량을 점으로 표시하고, 그 점들을 선분으로 이어 그린 그래프입니다. 일정 기간에 걸친 변화를 보여 주기에 적합하고, 다음 값을 예측할 때 많이 사용됩니다.

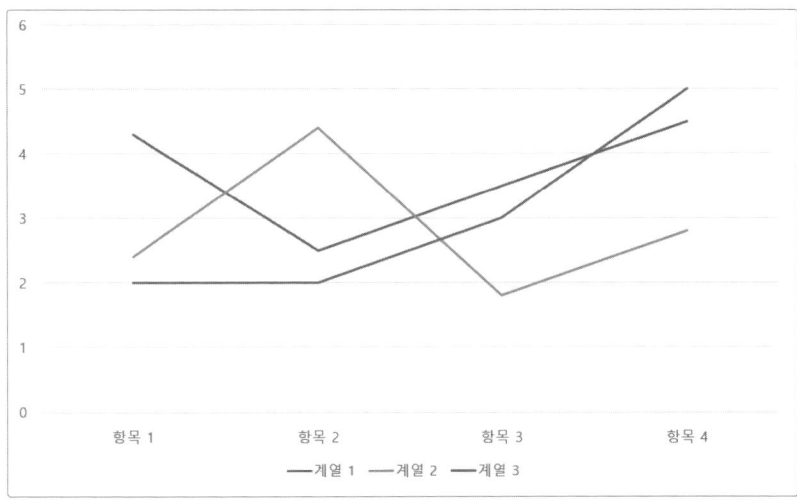

원 그래프

원 그래프는 전체에 대한 각 항목의 비율을 원 모양으로 나타낸 그래프입니다. 각 항목의 비율을 한눈에 볼 수 있습니다.

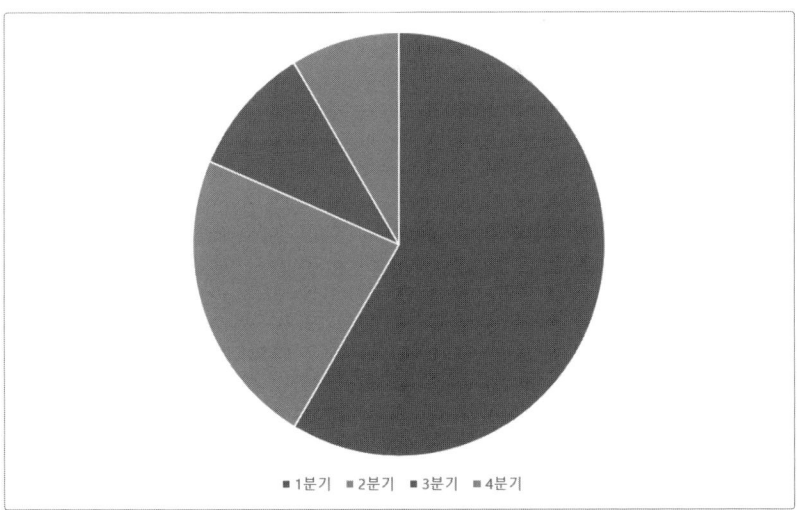

부록 미리 알아 놓으면 좋은 파워포인트 기능

파워포인트에는 미리 알아 놓으면 좋은 기능들이 있습니다. 이 기능을 몰라 처음에 설정을 해 놓지 않는다면 나중에 고생할지도 모릅니다.

슬라이드 크기

인쇄하는지, 화면에 띄우는지 등 용도에 따라 슬라이드 크기를 다르게 설정해야 합니다.

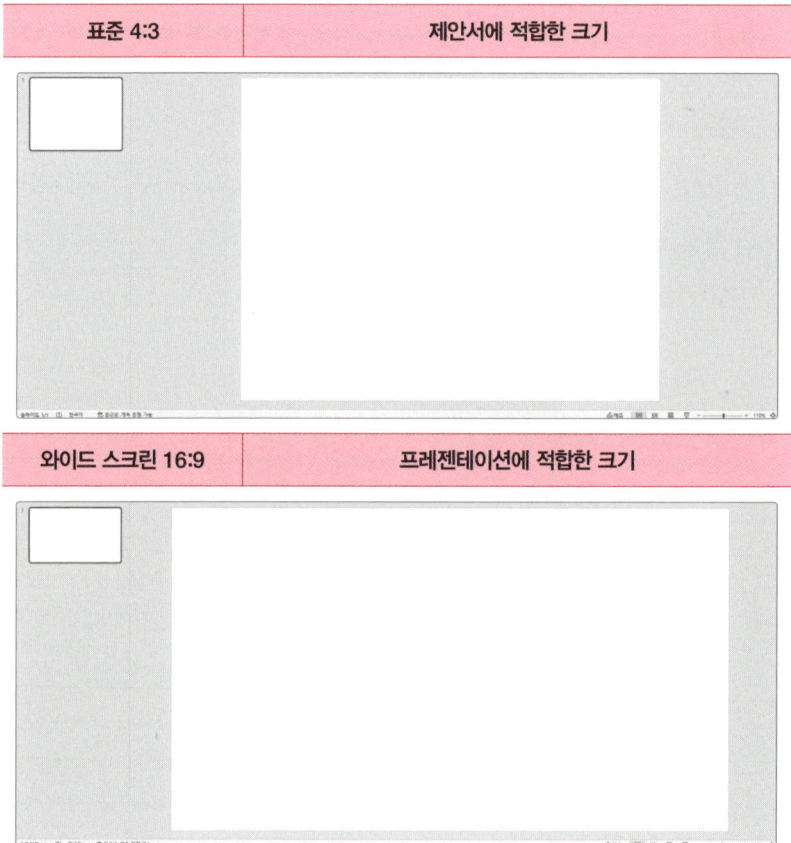

작업 도중 슬라이드 크기를 전환하고자 하면 여백이 너무 달라지기 때문에 디자인에 변형이 올 수 있습니다. 그러므로 처음부터 제대로 설정하여 처음의 설정을 그대로 유지해야 합니다. 슬라이드 크기는 [디자인] 탭-'사용자 지정' 그룹의 [슬라이드 크기]를 클릭해 변경할 수 있습니다.

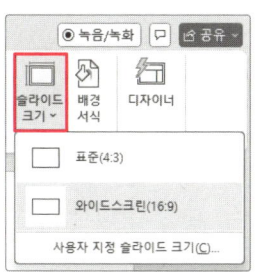

✏️ 실무 노트

제안서와 발프레젠테이션에 같은 자료를 활용한다면 슬라이드 크기는 'A4 용지'로 설정하세요. A4 용지는 표준 사이즈보다 너비가 넓어 안정적이고, 와이드 스크린 사이즈보다 너비가 짧아서 분량 부담이 적다는 장점이 있습니다.

슬라이드 크기는 [디자인] 탭-'사용자 지정' 그룹의 [슬라이드 크기]-[사용자 지정 슬라이드 크기]를 클릭하고, '슬라이드 크기' 창의 [슬라이드 크기] 옵션-[A4 용지(210x297mm)]를 선택해 변경할 수 있습니다.

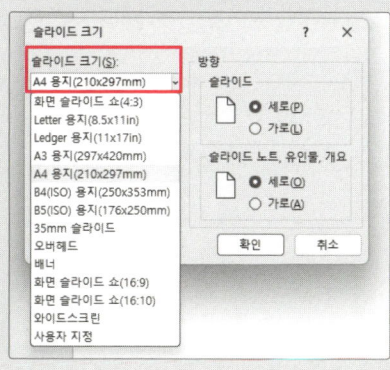

슬라이드 다시 사용

슬라이드 다시 사용을 활용하면 파워포인트 창을 2개씩 켜 놓을 필요없이 필요한 슬라이드를 내가 작업하고 있는 화면에 바로 가져올 수 있습니다. [삽입] 탭-'슬라이드' 그룹의 [새 슬라이드]를 클릭하고 아래 [슬라이드 다시 사용]을 선택합니다.

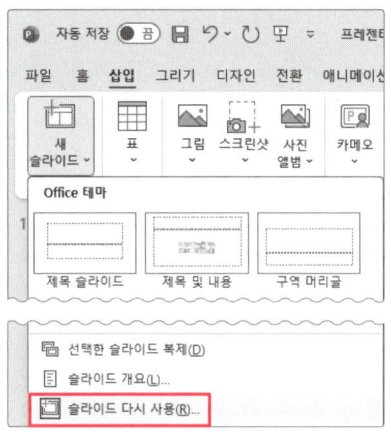

PowerPoint 옵션

[파일] 탭-[옵션]을 클릭하면 'PowerPoint 옵션' 창이 열리고 여러 가지 설정을 변경할 수 있습니다. 알아 두면 유용한 기능이 많으니, 한 번쯤 꼭 들어가 확인해 보시기 바랍니다.

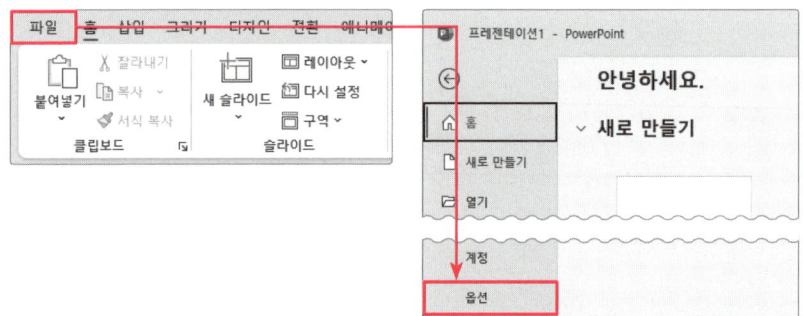

■ **자동 저장**

파워 포인트에는 저장을 누르지 않아도 5분마다 알아서 저장하는 옵션이 있습니다. 'PowerPoint' 옵션 창에서 [저장] 옵션을 선택한 후 '프레젠테이션 저장' 그룹의 '자동 복구 저장 간격'을 체크하고, 시간을 설정합니다.

■ **실행 취소 횟수 설정**

실행 취소 횟수를 설정할 수 있습니다. 최대 150번까지 넉넉하게 설정해 놓으면 되돌릴 때 여유롭겠죠. 'PowerPoint' 옵션 창에서 [고급] 옵션을 선택한 후 '편집 옵션' 그룹의 '실행 취소 최대 횟수'를 설정합니다.

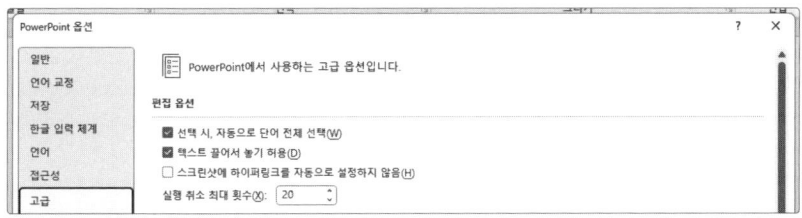

■ 인쇄 품질 설정

인쇄 옵션은 항상 최상으로 해 두세요. 생각보다 많이 놓치는 옵션으로 두 번 인쇄하는 번거로움을 피할 수 있습니다. 'PowerPoint' 옵션 창에서 [고급] 옵션을 선택한 후 아래로 내려 '인쇄' 그룹의 모든 옵션을 체크합니다.

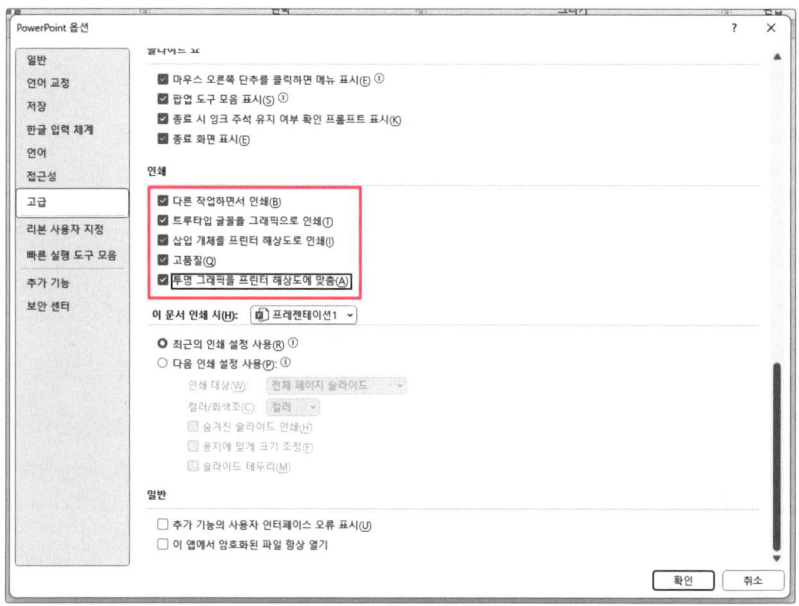

8장

첫인상이 모든 것을 결정한다

📝 프레젠테이션은 준비부터가 시작이다

아직도 저의 첫 제안 프레젠테이션 현장이 잊혀지지가 않습니다. 아침 9시, 프레젠테이션이 시작되고 심사위원 분들께 '식사하고 오셨나요?'라고 질문하니, 돌아온 답변은 '저희 답변하러 온 거 아니니 발표하시죠'였습니다.

사내에서 발표를 잘 하시는 분들도 제안 프레젠테이션은 어려워 하십니다. 제안 프레젠테이션은 보고나 회의에서 진행하는 프레젠테이션과 분명한 차이가 있습니다. 선택에 따른 영향이 크고, 설득과 수주를 위해 심사위원을 대상으로 프레젠테이션을 하기 때문입니다. 게다가 경쟁이기에 심사위원도 더 꼼꼼하고, 까다롭게 발표자를 대할 수밖에 없습니다. 무거운 분위기 속에서 사소한 실수 하나라도 나온다면, 그때부터 제대로 된 프레젠테이션이 어려울 수도 있습니다. 그래서 무엇보다 철저한 준비가 중요하죠. 사소한 실수 하나라도 놓치지 않기 위한 청중, 발표장, 리허설 준비를 살펴보겠습니다.

✏️ 청중

프레젠테이션을 준비한다면 가장 먼저 체크해야 하는 것이 '청중'입니다. 프레젠테이션을 일방향 소통이라고 생각하는 분들이 많습니다. 하지만 프레젠테이션은 발표자는 언어로, 청중은 비언어로 소통하는 쌍방향 소통입니다. 청중은 프레젠테이션 내용이 와닿지 않거나, 지루하면 발표자를 쳐다보지도 않죠. 청중이 프레젠테이션 내용에 관심을 갖는 것 같지 않다면, 발표자는 청중을 고려한 프레젠테이션을 했는지 되돌아봐야 합니다.

앞서 고객사 맞춤형 제안서를 작성해야 한다 이야기하였습니다. 프레젠테이션도 마찬가지로 '청중'을 위한 맞춤형 프레젠테이션을 구성해야 합니다. 이를 위해서는 프레젠테이션 준비 단계에서 청중을 꼼꼼하게 분석해야 하죠. 그렇다면 청중의 어떤 점들을 체크해야 할까요?

인원

인원에 따라 프레젠테이션 형식을 다르게 구성해야 합니다. 우선 인원이 적으면 아무래도 청중은 발표자에게 더욱 집중하게 됩니다. 그러면 발표자는 프레젠테이션에 더 구체적이고, 깊이 있는 내용을 추가할 수 있겠죠. 반대로 인원이 많으면 청중은 발표자에 집중하기 힘듭니다. 이럴 때는 프레젠테이션 주제에 대해 잘 모르는 사람에 맞춰 핵심만 쉽게 전달하는 것이 좋습니다. 이해할 수 있어야 좋은 평가를 받을 수 있으니까요.

직군과 직급

제안을 직군과 직급의 특성에 맞춰 상대의 언어와 방식으로 전달해야 합니다. 예를 들어 병원에서 제안 프레젠테이션을 진행한다면 직군의 특성에 맞춰 프레젠테이션을 준비해야 합니다. 의사나 교수 직군에게는 이성적이고 논리적인 언어를 사용하고, 서비스 직군에게는 감성적이고 공감하는 언어를 사용하는 것이 효과적일 수 있겠죠.

직급도 마찬가지입니다. 직급이 높으면 높을수록 거시적인 관점으로 보게 되고 직급이 낮으면 낮을수록 나의 업무와 연결지어 평가하게 됩니다. 따라서 프레젠테이션 현장에 임원이 참석하면 의사 결정을 할 수 있도록 핵심을 간결하게 전달하고, 반대로 청중의 직급이 낮은 경우라면 디테일한 사항과 실제 운영될 때 효과를 강조하는 것이 좋습니다.

키맨

키맨^{Key Man}은 단체나 조직의 핵심 인물을 뜻합니다. 중추인물이라고도 하는데, 대개 조직에서 의사 결정을 할 수 있는 사람을 뜻하죠. 조직에 큰 영향력을 지닌 인물로, 입찰 과정에서도 큰 영향을 줄 수 있기 때문에 반드시 키맨을 공략하기 위한 노력이 필요합니다.

경쟁입찰에 참여한 업체들 중 제시한 가격이 가장 높았던 기업의 제안 프레젠테이션을 준비할 때의 일입니다. 심사위원 앞에서 제시한 가격 문제를 어떻게 풀어 나갈까 고민하던 중 고객사 회장님의 차가 롤스로이스라는 정보를 입수했습니다. 그리고 이를 바탕으로 프레젠테이션 구성도 '명품은 높은 가격을 지불할 만한 가치가 있다'는 내용으로 잡았죠. 그렇게 키맨을 공략한 결과, 가격 차이가 있어 불리했음에도 불구하고 수주로 연결할 수 있었습니다.

성별/연령

세대 간 소통이 어려운 이유는 세대에 따라 관심사가 다르고 사용하는 언어가 다르기 때문입니다. 상대에 대한 이해를 바탕으로 상대에게 맞는 설명을 해야 하는 것처럼 심사위원의 성별과 연령을 파악해 이들에게 맞는 언어를 사용해야 합니다. 그러면 청중이 프레젠테이션에 집중하고, 더 쉽게 이해할 수 있겠죠.

📝 발표장

발표장에 들어서는데 프레젠테이션 자료의 글꼴이 깨져 있거나 준비한 동영상이 나오지 않는다면 어떨까요? 발표자는 더 긴장하고, 심사위원은 연신 평가표를 바라보겠죠. 이때 문제를 해결하기 위해 갑자기 컴퓨터 앞으로 가거나, 프레젠테이션을 중단하면 준비성이 부족한 업체로 보일 수 있습니다.

준비한 자료를 제대로 보여 주지 못한다면 프레젠테이션의 완성도도 떨어질 뿐만 아니라 좋은 결과를 기대하기도 어렵습니다. 따라서 발표장 안에서 일어날 수 있는 모든 요소를 꼼꼼하게 체크할 필요가 있습니다.

> **✏️ 실무 노트**
>
> 발표장에 30분 일찍 도착해서 바닥부터 천장까지 꼼꼼하게 보면서 눈에 익숙하게 만드세요. 장소가 낯설면 긴장감이 높아지고, 심박수가 빨라지면서 말이 빨라지게 됩니다. 조금이라도 장소를 익숙하게 만드는 것만으로도 프레젠테이션의 완성도를 끌어올리는 데 도움이 됩니다.

포인터

많은 분들이 레이저 포인터에 익숙하실 텐데요. 대부분의 발표장에는 빔 프로젝터가 설치되어 있지만, 종종 TV 화면을 이용해 발표하는 경우도 있습니다. 이때는 TV 화면이 빛을 흡수하기 때문에 레이저 포인터를 사용하기 어렵죠. 이런 작은 차이가 프레젠테이션의 운명을 결정할 수 있습니다. 그래서 빔 프로젝터와 TV 화면 모두에 사용할 수 있는 '하이라이트 포인터'를 추천드립니다.

> **✏️ 실무 노트**
>
> 기능이 많다고 해서 좋은 포인터가 되는 것은 아닙니다. 기능이 익숙하지 않다면 오히려 실수를 유발할 수 있으니 프레젠테이션 전에 충분한 연습을 통해 포인터 사용을 익숙하게 만들어야 합니다.

마이크

목소리가 크면 전달력이 높아집니다. 목소리가 작은 편이라면 가급적 마이크 사용을 권합니다. 목소리가 크거나, 마이크 볼륨이 높으면 '하울링'이라는 듣기 싫은 소리가 날 수 있으니 가로로 손가락 2개 정도는 들어갈 수 있도록 마이크를 잡아 주세요.

연결 젠더

여러분 노트북을 사용한다면 연결 젠더도 확인해야 합니다. 연결 젠더가 달라 노트북과 모니터를 연결할 수 없는 일이 생길 수도 있으니까요. 저는 이런 경우를 대비해 연결 젠더를 종류별로 2개씩 챙겨 둡니다.

실제로 한 기업이 연결 젠더가 없어 프레젠테이션 없이 진행한 경우를 봤습니다. 고객사 담당자에게 연결 젠더를 구해달라고 부탁할 수도, 바쁜 임원분들 잡아 놓고 기다려달라고 할 수도 없습니다. 그러니 제안서의 성공을 위해서 유비무환의 자세로 모든 것을 꼼꼼하게 체크해야 합니다.

> **✎ 실무 노트**
>
> 프레젠테이션은 발표자의 노트북을 사용하는 것이 안전합니다. 준비해 온 폰트, 영상, 질의응답 자료 등이 열리지 않을 수 있기 때문이죠. 혹시라도 고객사 노트북, 컴퓨터를 사용해야 한다면 미리 현장에 도착해 하나하나 직접 열어 보면서 확인해야 합니다.

마지막으로 여러분이 발표장에 가기 전 활용하실 수 있는 체크리스트를 준비해 보았습니다. 사소해 보일 수 있지만, 작은 것 하나하나가 모여 제안 프레젠테이션을 완성합니다.

발표 준비를 위한 체크리스트	
출력 화면	빔 프로젝트인가?
	TV 또는 모니터인가?
포인터	고객사 포인터만 사용할 수 있는가?
	포인터를 개별적으로 사용할 수 있는가?
마이크	마이크가 있는가?
	마이크가 있다면 고정마이크, 무선 마이크, 유선 마이크 중 어느 마이크인가?
연결 젠더	가져간 노트북에 맞는 연결 케이블을 확인하였는가?
장소 규모	발표장의 크기를 확인하였는가?
좌석 구조	심사위원의 좌석 배치가 일자형인가?
	심사위원의 좌석 배치가 'U' 자형인가?

리허설

전설적인 프레젠테이션으로 유명한 스티브 잡스Steve Jobs는 프레젠테이션 전 수백 시간의 연습을 통해 프레젠테이션을 구석구석 가다듬는 것으로 유명합니다. 그리고 프레젠테이션 일정이 잡히면 한 달 이상은 리허설에 집중했다고 하죠. '프레젠테이션의 대가'로 불리는 그도 리허설에 이토록 진심이었다는 것입니다.

여러분은 프레젠테이션을 앞두고 리허설을 몇 번이나 하시나요? 담당자와 이야기해 보면 자리에 앉아 대본, 슬라이드를 보며 말하는 것을 리허설이라고 하시는 분들이 있습니다. 하지만 이는 리허설이 아닙니다. 리허설은 실제와 비슷한 조건에 맞춰, 시작부터 끝까지 해 보는 것을 말합니다. 중간에 틀리더라도 멈추지 말고 끝까지 진행해야 하죠. 중간에 틀리지 않고 프레젠테이션을 마무리할 수 있을 정도는 되어야 제대로 리허설을 했다고 할 수 있겠습니다.

> **✎ 실무 노트**
>
> 저는 보통 10분짜리 프레젠테이션이면 9분 30초까지 마치도록 연습합니다. 타이머를 활용해 정확하게 시간을 재면서 연습하세요.

첫인상을 결정하는 1분

프레젠테이션에서 첫 1분을 이야기해 보겠습니다. 이 1분은 심사위원이 여러분의 첫인상을 결정하는 가장 중요한 순간입니다. 'A 업체 발표 시작해 주세요.'라는 말에 인사도 없이 프레젠테이션을 시작하거나 너무 길게 인사하면 좋은 첫인상을 줄 수 없습니다. 프레젠테이션은 자연스럽게 시작해야 합니다. 인사를 하고, 프레젠테이션 흐름을 간략히 소개하고 오프닝을 통해 심사위원을 집중하게 해야 합니다. 그러면 여러분의 첫인상을 결정할 1분 동안 여러분이 무엇을 이야기해야 하는지 살펴보겠습니다.

인사

우선 첫 번째는 인사입니다. 인사를 할 때는 아이 컨택이 중요합니다. 그러므로 공식적인 자리에서는 인사와 인사말을 나누어 진행합니다. 인사말을 드릴 때 눈을 마주치고, 자연스럽게 고개를 숙여 인사하면 됩니다. 이때 심사위원이 무표정으로 바라본다고 여러분도 같은 표정으로 인사하면 좋은 첫인상을 줄 수 없습니다. 미소를 지으며 인사하면 무겁고, 엄숙한 현장 분위기를 조금이나마 녹일 수 있습니다. 이러한 작은 요소 하나하나가 첫인상에 긍정적인 영향을 줄 수 있습니다.

> **실무 노트**
>
> 발표장 분위기에 따라 인사의 방법이 달라집니다. 첫 번째 업체로 모두가 발표자를 주목한다면 공수하고 눈을 마주친 후 인사말을 하고, 마지막 업체로 발표장 분위기가 어수선하다면 인사말을 통해 주목도를 높이고 인사를 합니다.

차례 소개

다음은 차례 소개입니다. 프레젠테이션에 앞서 순서와 시간에 대해 안내합니다. 프레젠테이션은 친절한 것이 좋기 때문이죠. 물론 차례를 너무 자세히 설명할 필요는 없고, 프레젠테이션의 흐름을 이해할 수 있을 정도로만 설명하시면 됩니다.

질의응답 시간 안내

마지막으로는 질의응답 시간 안내입니다. 보통은 프레젠테이션 후에 자연스럽게 시간을 갖는다고 생각할 수 있습니다. 하지만 프레젠테이션 중간에 갑자기 질문을 받게 되면 준비한 프레젠테이션에 차질이 생길 수도 있겠죠. 이러한 상황을 만들지 않기 위해 프레젠테이션 전에 질의응답 시간을 안내하는 겁니다. 시작 전에 '프레젠테이션 후 질문을 받겠습니다.'라고 안내하면 조금 더 친절한 프레젠테이션이 됩니다.

📝 눈길을 사로잡는 오프닝

프레젠테이션을 준비할 때 마지막까지 고민하는 것이 오프닝입니다. 오프닝을 어떻게 구성하느냐에 따라 발표장의 분위기가 달라지기 때문이죠. 오프닝은 예능, 드라마, 영화의 예고편과 같습니다. 흥미진진한 예고편이 시청자를 끌어들이듯, 좋은 오프닝은 심사위원이 고개를 들어 발표자를 보게 만듭니다.

그렇다면 좋은 오프닝은 어떻게 만들까요? 제가 실제로 적용해 심사위원들의 고개를 들게 만들었던 3가지 방법을 소개하겠습니다.

집중의 오프닝

질문에는 힘이 있습니다. 청중에게 '태양이 가장 뜨거울 때, 그 온도는 얼마나 될까요?'라는 질문을 던지면, 청중은 어떤 생각을 할까요? 어떤 사람은 태양을 떠올리기도 하고, 어떤 사람은 태양이 몇 도일지 고민도 해 보겠죠. 한순간에 발표자가 이야기하고자 하는 주제로 집중할 수 있게 하는 힘, 이것이 질문이 갖는 힘입니다.

질문에도 기술이 있습니다. 질문은 열린 질문과 닫힌 질문으로 나누어 볼 수 있는데요, 질문을 하는 대상과 상황, 원하는 목표에 맞춰 열린 질문과 닫힌 질문을 적절하게 골라 구사하는 것이 좋습니다.

열린 질문	답이 여러 개 나올 수 있는 질문
닫힌 질문	답이 하나이거나, 어느 한쪽밖에 없는 질문

프레젠테이션에서 청중과 관계를 형성하기 위해서는 열린 질문이 좋으나 시간이 정해져 있고 심사위원과 라포^{Rapport} 형성이 되어 있지 않을 경우에는 닫힌 질문으로 시작하는 것이 좋습니다. 어느 정도 라포 형성이 되었을 때 열린 질문으로 넘어가는 것이죠.

집중의 오프닝 예시

사람은 죽을 때 '껄껄껄' 하며 죽는다고 합니다. 호탕하게 웃으며 죽는다는 이야기가 아니라 3가지를 후회하며 죽는다는 뜻인데요. 첫 번째는 '좀 더 베풀며 살 걸', 두 번째는 '좀 더 용서하며 살 걸'입니다. 그럼 마지막은 무엇일까요? 바로 '좀 더 재미있게 살 걸'이라고 합니다. **세상을 재미로 연결하는 ○○ 회사에 재미있는 제안을 가지고 왔습니다.** 그럼 발표 시작하겠습니다.

집중의 오프닝을 위해 질문을 던질 때는 가급적 주제와 관련이 없는 질문을 던지는 것이 좋습니다. 자율 출퇴근제에 대한 프레젠테이션에서 '자율 출퇴근제에 대해 어떻게 생각하시나요?'라고 물으면 아무도 대답할 수 없기 때문이죠. 그렇지만 그 질문이 제안의 핵심, 고객사의 가치와 부합된다면, 분명 의미가 있습니다. 앞의 예시에서 '껄껄껄' 질문을 던진 이유는 마지막에 '재미있게 살 걸'이 ○○ 회사의 '재미로 세상을 연결하는'이라는 가치와 부합하기 때문입니다.

공감의 오프닝

공감은 남의 감정, 의견, 주장에 대하여 자기도 그렇다고 느끼는 것입니다. 같은 생각이 아닐지라도 가질 수 있는 감정이죠. 냉랭한 분위기의 발표장, 발표자와 심사위원 사이에 팽팽한 긴장감 흐르는 그 순간, 이때 필요한 것이 바로 공감의 오프닝입니다.

공감의 오프닝은 가족애, 사랑, 우정, 환경, 자유, 정의와 같이 평범한 스토리로 출발해도 충분합니다. 하지만 이야기에서 빠져서 안 되는 것이 바로 '진정성'입니다. 발표자 자신이 겪은 건축 현장이나, 영업사원 시절 에피소드야말로 가장 진정성 있는 공감 스토리가 될 수 있습니다.

공감의 오프닝 예시

저희 어머니가 서울로 대학 간 저에게 전화해 가장 먼저 묻는 말이 무엇이었을까요? 바로 '밥 먹었니?'였습니다. 친구들 하고 잘 지내는 것도 중요하고, 공부 열심히 하는 것도 중요하지만, 밥은 잘 챙겨 먹고 있는지 궁금한 것이 아마 모든 어머니들의 마음일 겁니다. 저희는 화려한 외식 스타일이 아니라 어머님의 마음으로 정성 어린 집밥을 짓겠습니다.

이 이야기로 프레젠테이션을 시작했을 때 심사위원이 공감하며 고개를 끄덕였습니다. 누구나 공감할 수 있는 이야기이기 때문이죠. 공감의 오프닝을 통해 발표자와 심사위원이 위치는 서로 달라도, 같은 사람이라는 공감을 불러올 수 있습니다.

✏️ 실무 노트

스토리를 준비할 때 종교, 정치, 인종과 같은 이야기는 피하는 편이 좋습니다.

공포의 오프닝

공포 소구 Fear Appeal 는 사람들의 생존 욕구를 자극해 보호 동기를 유발하는 메시지 전략을 뜻합니다. 선거철 정치인들은 우리나라가 항상 위기에 처해 있다고 이야기하죠. 현명한 투표를 통해 이 난국을 해결하게 해 달라고 설득합니다. 이것이 바로 공포 소구입니다.

> **✏️ 실무 노트**
>
> 다만 공포의 오프닝을 활용할 때 너무 강한 공포는 오히려 역효과를 유발할 수 있습니다. 너무 무섭고 두려우면 오히려 메시지를 회피할 수 있기 때문입니다. 그러므로 심사위원에게 너무 과한 공포를 전달하지 않도록 주의하세요.

공포의 오프닝을 사용할 때는 함께 이야기해야 하는 것이 2가지 있습니다. 첫 번째는 출처와 구체적인 수치입니다. 사건이나 사고를 예로 드는 경우, 출처와 수치를 정확하게 이야기할수록 제안의 필요성과 중요성이 강조됩니다. 두 번째는 파급효과입니다. 작은 실수로 인해 일어날 파급효과에 대해서 언급해야 여러분의 제안에 심사위원이 더 몰입할 수 있습니다.

공포의 오프닝 예시

1:29:300의 법칙을 하시나요? 1번의 대형 참사가 발생하기까지는 29번의 사고와 300번의 경미한 사고가 반드시 나타난다는 법칙입니다. 그만큼 작은 사고도 소홀히 여기면 안 된다는 거겠죠? 저희는 이번 ○○을 제안하면서 가장 중요한 것이 첫째도 안전, 둘째도 안전, 셋째도 안전이라고 생각했습니다. 그럼 지금부터 안전 강화를 위한 프레젠테이션 시작하겠습니다.

📝 비언어도 커뮤니케이션이다

프레젠테이션 평가는 짧은 시간에 이루어집니다. 질의응답을 포함해서 보통 30분, 길어야 1시간을 넘지 않습니다. 게다가 심사에서 배제되는 담당자를 제외하고는 처음 보는 심사위원이 대다수입니다. 이때 좋은 인상을 남기기 위해서는 시각적인 요소, 즉 비언어 커뮤니케이션이 중요합니다.

비언어는 표정이나 말투, 태도, 자세, 복장, 시선 등 말을 제외한 모든 것을 가리킵니다. 긴장이 되고 떨리면 나의 비언어 습관을 잘 인식하지 못하기 때문에 자연스럽게 나올 수 있도록 평소에 연습해 놓아야 합니다. 반드시 알고 있어야 할 비언어 커뮤니케이션 3가지 기본 자세, 아이 컨택, 제스처에 대해 말씀드리겠습니다.

기본 자세

프레젠테이션에서 가장 중요한 것은 바로 기본 자세입니다. 긴장하면 나타나는 불안한 자세는 자연스럽게 불안정한 목소리로 이어집니다. 그러면 발표자는 신뢰감을 얻기 어렵죠. 반면 긴장이 되더라도, 올바른 자세를 유지한다면 안정적인 목소리를 낼 수 있습니다. 기본 자세야말로 여러분의 이미지를 결정짓는 가장 중요한 요소인 것입니다.

다음은 프레젠테이션의 기본 자세입니다. 한 동작 한 동작 천천히 따라 해 보시는 것을 추천드립니다.

①	두 다리를 어깨 넓이 정도로 펴고, 꼿꼿이 선다. 다리를 너무 좁히거나 몸을 흔들지 않도록 한다.

②	손은 인사하듯 배꼽 정도에 올려 놓는다. 배꼽 아래로 내리면 어깨가 말리면서 자신감 없는 모습으로 보일 수 있다.

③	고개는 정면을 바라보고 턱을 들지 않도록 주의한다. 자연스럽게 아이 컨택을 할 수 있고, 안정적인 목소리가 난다.

📝 아이 컨택

혹시 긴장된다고 화면만 보고 발표하시지 않나요? 프레젠테이션 내내 화면의 슬라이드를 그대로 읽는다면, 심사위원에게 호의적인 반응을 기대할 수는 없습니다. 발표장에서 만난 한 심사위원이 이렇게 말했습니다.

> 발표자가 나를 쳐다보지 않는데, 나도 발표자를 쳐다볼 이유는 없지 않겠습니까?

심사위원의 눈을 보면 제안에 공감하고 있는지, 지루해 하는지 알 수 있습니다. 저는 심사위원이 지루해 보이면 경쟁사와 중복되는 내용은 간략하게 설명하고 차별화 내용으로 넘어갑니다.

프레젠테이션은 배우와 관객이 함께 호흡하는 공연처럼, 발표자와 심사위원이 함께 완성하는 것입니다. 프레젠테이션은 발표자와 심사위원이 상호작용하는 쌍방향 커뮤니케이션이기 때문이죠. 이때 발표자와 심사위원 사이에 가장 많이 하는 상호작용이 바로 '아이 컨택Eye Contact'입니다.

하지만 아이 컨택을 어려워하시는 분들이 많습니다. 가뜩이나 긴장되는 상황에서 심사위원의 얼굴에 집중할 여유는 사치일 수도 있으니까요. 이때 조금이나마 부담감을 낮출 수 있는 아이 컨택 방법 2가지가 있습니다.

①	청중의 눈을 똑바로 보지 말고, 눈부터 인중까지 역삼각형을 만들어, 그 중심을 쳐다보세요. 더 자연스럽게 청중을 바라볼 수 있습니다.
②	긍정적인 표정의 청중을 찾아 그 분들과의 아이 컨택을 통해 긴장감을 푸세요. 그 다음 다양한 청중들과 아이 컨택을 이어 나가면 더 편하게 청중을 바라볼 수 있습니다.

발표자는 프레젠테이션을 진행하며 최대한 많은 청중과 아이 컨택을 할 수 있어야 합니다. 그렇지만 컨설팅을 진행하다 보면 담당자들 사이에서 자주 나오는 실수가 2가지 있습니다. 우선 아이 컨택을 위해 너무 눈을 빠르게 움직이는 경우입니다. 아이 컨택을 할 때는 최소 3~5초 정도 한곳에 머무르는 것이 좋습니다. 보통 한 메시지에 한곳을 바라보면 딱 맞습니다. 다음으로 많이 나오는 실수는 눈동자만 움직이는 것입니다. 눈동자만 움직이면 마치 청중을 곁눈질하는 것처럼 보입니다. 이를 피하기 위해서는 눈동자와 얼굴을 같이 움직이거나, 상체를 함께 움직여야 합니다.

> **실무 노트**
>
> 아이 컨택을 할 키맨을 찾는 것도 중요합니다. 프레젠테이션에서 중요한 순간 키맨을 보면서 말한다면 평가에 긍정적인 영향을 미칩니다.

제스처

흔히들 제스처를 '제2의 언어'라고 합니다. 말을 더 풍부하게 전할 수 있는 좋은 방법이죠. 하지만 아쉽게도 제스처를 잘 활용하는 분들이 많지 않습니다. 긴장 때문에 딱딱하고 부자연스럽게 나오는 경우가 많죠. 프레젠테이션을 앞두고 10개의 제스처를 연습해도 실전에 들어가면 반도 안 나오는 경우가 많습니다.

제스처는 상황과 메시지에 맞게 사용해야 합니다. 손 전체를 사용하고 시선 방향과 일치해야 하죠. 제스처는 크고 확실하게 해야 상대방에게 전달됩니다. 어색한 제스처는 역효과가 날 수도 있기 때문에 자연스러워질 때까지 많은 연습이 필요합니다. 그렇다면 제스처를 어떻게 연습해야 할까요? 프레젠테이션 제스처의 기본은 열린 자세와 닫힌 자세로 나누어 볼 수 있습니다.

기억해야 하는 열린 자세

열린OPENS 자세는 Open arms, Point, Expansion, Number, Space의 앞 글자를 딴 말로, 청중을 향한 개방적이고 수용적인 자세를 뜻합니다. 청중을 향해 자세를 열고, 더 긍정적인 이미지로 메시지를 전달하는 것이죠. 아래 표를 확인해 보면서 여러분이 제스처를 취할 때 몸 앞면이 완전히 청중에게 노출되어 있는지 확인해 보세요. 메시지를 더 설득력 있게 전달하기 위해서는 열린 자세를 활용해야 합니다.

Open arms	청중을 향해 팔을 벌리는 자세 • 청중에게 묻거나, 제안이나 솔루션을 설명할 때 활용한다.
Point	손, 포인터를 활용해 포인트를 짚는 자세 • 포인터 사용시 너무 흔들지 않도록 주의한다.
Expansion	손을 옆으로 넓히는 자세 • 절차, 기간 등을 설명할 때 활용한다.
Number	중요한 포인트에 손가락으로 숫자를 보이는 자세
Space	공간을 활용하는 자세 • 내용을 전환할 때 좌우로 이동하거나, 강조할 때 앞으로 이동한다.

피해야 하는 닫힌 자세

닫힌CLOSE 자세는 Cover, Lock, One leg, Shame, Enemy의 앞 글자를 딴 말로, 청중에게 부정적으로 보일 수 있어 반드시 피해야 하는 자세입니다. 팔짱, 뒷짐, 짝다리 등 청중에게 부정적인 이미지를 심어 줄 수 있는 자세이므로 프레젠테이션 준비 전, 본인이 이러한 습관을 가지고 있지는 않은지 아래 표를 보며 확인해 보세요. 심사위원은 발표자가 어떤 사람인지 모르기 때문에 잘못된 제스처는 안 좋은 이미지로 남을 수밖에 없습니다.

Cover	팔짱, 손목을 잡거나 팔꿈치를 잡는 자세	
	• 포인터기나 마이크를 잡지 않는 손은 자연스럽게 내린다.	
Lock	뒷짐 자세	
	• 두 손을 옆이나 앞에 둔다.	
One leg	짝다리 자세	
	• 리허설을 통해 평소에 짝다리를 짚는 습관이 있는지 확인한다.	
Shame	코나 얼굴을 만지는 자세	
	• 손이 가슴 위로 올라가지 않도록 신경 쓴다.	
	• 내용에 맞는 손 제스처를 연습한다.	
Enemy	손가락질하는 자세	
	• 손 제스처를 활용할 때는 손 전체를 활용한다. 이때 손바닥을 보여 주면 조금 더 긍정적으로 메시지를 전달할 수 있다.	

✎ 실무 노트

신뢰를 높이고 싶다면 손바닥을 사용해 보세요. 청중을 대상으로 진행한 손 제스처 실험에서 첫 번째 발표자는 손바닥, 두 번째 발표자는 손등, 세 번째 발표자는 손가락을 보여 줬습니다. 세 사람이 모두 같은 내용을 전달했지만, 청중은 어떤 손 제스처를 활용했느냐에 따라 각각 다른 신뢰도를 보였죠. 특히 손바닥 제스처를 활용했을 때 무려 84% 신뢰도의 가장 긍정적인 메시지를 전달할 수 있었습니다.

📝 부록 대본을 써야 한다면 기억해야 하는 것

프레젠테이션을 앞두고, 발표장에 대본을 써서 가져가는 담당자가 많습니다. 물론 대본을 써도 됩니다. 하지만 2가지 주의 사항을 꼭 기억하길 바랍니다.

첫 번째 주의 사항은 반드시 입으로 소리를 내며 대본을 완성해야 한다는 것입니다. 문어체와 구어체를 아시나요? 우리는 자연스럽게 두 문체를 잘 활용하고 있다고 생각하지만, 생각보다 많은 분들이 구어체를 써야 할 때 문어체를, 문어체를 써야 할 때 구어체를 사용하는 실수를 저지릅니다.

직접 소리 내어 말하지 않고 대본을 쓰면 구어체를 써야 하는 프레젠테이션 대본에 서류에 어울리는 문어체 대본을 작성할 가능성이 커집니다. 그러면 제아무리 대본을 자연스럽게 읽으려고 해도 딱딱한 말투가 되죠. 발표자가 평소에 쓰는 말투로 자연스럽게 쓰고 읽어야, 청중도 편하게 프레젠테이션을 들을 수 있습니다.

두 번째 주의 사항은 대본대로 발표해야 한다는 생각입니다. 대본을 쓰는 이유는 자신의 프레젠테이션 흐름을 점검하고 시간에 맞게 발표하기 위함입니다. 대본을 달달 외워서 그대로 발표해야 한다고 생각하면 프레젠테이션이 두려워집니다.

대본은 한두 번 정도 보고 읽는 정도로 활용하셔야 합니다. 나머지는 슬라이드 노트에 핵심 단어나 구의 형태로 적어 놓고 나의 말투로 자연스럽게 말하는 연습을 해야 합니다. 프레젠테이션에는 유연성이 있어야 합니다. 문맥상 의미가 달라지는 경우가 아니라면 다양하게 말하는 연습을 해야 실수를 해도 유연하게 대처할 수 있습니다. 연습을 한다고 실제 프레젠테이션에서 실수를 하지 않는 것은 아니지만 충분한 연습이 있어야, 실수를 해도 당황하지 않고 자연스럽게 다음 단계로 넘어갈 수 있습니다.

9장

전문가처럼 말하는 4가지 요소

첫 번째, 전문가는 스토리를 전달한다

정보가 넘쳐 나는 시대에 스토리텔링은 더 중요해지는 가치입니다. 스토리로 전달했을 때 뇌는 더 쉽게 이해하고, 오래 기억하기 때문입니다. 미디어심리 연구센터의 패멀라 러틀리지 Pamela B. Rutledge는 이런 말을 하였습니다.

> 스토리는 '우리가 어떻게 생각하는가'이다. 어떻게 일이 진행되는지, 어떤 결정을 내리는지, 그리고 그 결정을 어떻게 정당화하고, 어떻게 타인을 설득하는지를 설명하는 것이다.

스토리텔링의 사전적 의미는 '알리고자 하는 바를 단어, 이미지, 소리를 통해 사건, 이야기로 전달하는 것'으로 말 그대로 '이야기하다'라는 의미를 가지죠. 즉, 스토리텔링은 경험을 공유하고 해석하는 수단인 것입니다.

프레젠테이션에서 스토리텔링은 심사위원에게 여러분의 경험을 제안에 잘 녹여 여러분의 제안을 선택하도록 영감을 주는 메시지를 말합니다. 일반적인 스토리텔링과 비슷해 보이지만, 프레젠테이션에서 스토리텔링은 뚜렷한 목적이 있어야 합니다. 제안과 연관이 있어야 하고, 심사위원을 설득할 수 있어야 하죠. 제안과 연관 없는 스토리텔링은 오히려 중요한 메시지를 전달할 시간을 잡아먹기 때문에 신중하게 사용해야 합니다.

실무 노트

스토리텔링은 오프닝, 본문, 클로징에 따라 목적이 다릅니다.

오프닝	심사위원이 뒤의 내용을 듣고 싶게 만든다.
본문	경쟁 기업과 차별화된 메시지를 전달하고, 기업의 데이터를 강조한다.
클로징	심사위원이 프레젠테이션을 기억하게 만든다.

📝 두 번째, 전문가는 메시지에 집중한다

15분 만에 100장의 슬라이드를 발표할 수 있을까요? 물론 할 수는 있습니다. 하지만 그것이 결과에 긍정적인지는 다른 문제입니다. 그저 많은 데이터를 발표하기보다, 한 줄의 진짜 메시지에 집중하세요.

사실	5년 연속 재계약 기업 목록

⬇

데이터	재계약 고객 중 5년 이상 재계약 고객 35%
메시지	계약을 성실히 수행하는 등 고객의 신뢰 최우선

데이터와 메시지의 차이는 의미에 있습니다. 5년 연속 재계약 기업 목록을 바탕으로 '재계약 고객 중 5년 이상 재계약 고객 35%'라는 데이터를 만들었다면, 이는 그 동안 누적된 사실 그대로의 문장입니다. 반면 '계약 사항을 성실히 수행하는 등 고객의 신뢰를 최우선'이라는 메시지는 이 회사의 가치, 5년 넘게 회사가 선택받은 의미가 포함되어 있습니다.

맥북 에어의 가장 얇은 부분은 0.4cm, 가장 두꺼운 부분은 1.94cm입니다. 무게는 1.36kg이구요. 크기는 가로 28.7cm, 세로는 19.8cm입니다. 색상은 회색, 흰색, 핑크색, 검정색이 있습니다.

고객에게 이렇게 데이터를 전달했다고 생각해 보겠습니다. 여러분은 어떤 내용이 기억에 남으시나요? 여러분이 전달한 많은 내용 중에서 심사위원이 기억할 수 있는 내용은 몇 개 없습니다. 심지어 심사위원 자의적으로 다양한 해석을 낳을 수도 있죠.

메시지 전달의 예시로는 스티브 잡스의 맥북 에어 프레젠테이션을 기억하면 좋습니다. 스티브 잡스는 앞에서의 맥북 에어 제원 설명 하나 없이, 맥북 에어를 서류봉투에서 꺼내는 것만으로 '얇고 가볍다'는 가장 중요한 메시지를 전달하였습니다. 더 간결하고, 쉬우니 심사위원의 기억에도 더 오래 남겠죠.

▲ 2008년 맥북 에어 발표 현장

세 번째, 전문가는 간결하게 말한다

간단하게 말하기는 생각보다 어렵습니다. 알베르트 아인슈타인Albert Einstein은 간단하게 말하기에 대해서 이렇게 말했습니다.

> 만약 당신이 어떤 것을 간단하게 설명하지 못한다면 제대로 이해하고 있지 못하기 때문이다.

5개 업체가 참가하는 프레젠테이션에서 있었던 일입니다. 네 번째 순서를 배정받아 발표장에 들어가니 심사위원들은 이미 지친 기색이 역력하더군요. 발표가 시작되자마자 키맨으로 보이는 분이 말을 잘랐습니다.

 다 아는 내용 빼고 중요한 내용만 간단히 해 주세요.

프레젠테이션을 시작하자마자 이런 말을 들으면 당황할 수밖에 없죠. 하지만 종종 발생하는 일입니다. 당황하지 마시고, 발표 순번을 후반으로 배정받았다면 지친 심사위원을 위해 핵심을 간략하게 말하는 엘리베이터 스피치$^{Elevator\ Speech}$를 미리 연습해 가시기 바랍니다.

엘리베이터 스피치는 첫 만남에 우리 제품이나 서비스, 특정 사안을 소개하는 간략한 말하기를 말합니다. 엘리베이터를 타는 것만큼 짧은 시간 안에 투자자의 마음을 사로잡는 스피치를 의미하죠. 이처럼 핵심을 간략하게 말하기 위해서 활용할 수 있는 말하기 방법 2가지를 살펴보겠습니다.

📝 결론부터 말하기

핵심을 간략하게 말하는 방법 첫 번째는 '결론부터 말하기'입니다. 제안서와 마찬가지로 프레젠테이션에서도 결론을 먼저 이야기하는 방식은 중요합니다. 결론부터 말하기의 장점은 우선 심사위원이 프레젠테이션에 집중한다는 점입니다. 심사위원도 사람인지라 프레젠테이션을 듣다가 지칠 수 있기 때문에 중요한 부분을 먼저 이야기해 주는 것입니다. 다음 장점은 발표자가 말하고자 하는 목적이 무엇인지 뚜렷하게 전달할 수 있다는 점입니다. 결론이 뒤에 나온다면, 청중은 쏟아지는 이야기 속에서 길을 잃을 수 있으니까요.

결론부터 말하기는 결국 청중을 배려하는 말하기라고 할 수 있습니다. 청중이 듣기 좋게, 간결하게 전달하는 것이죠.

두괄식 화법

앞서서 두괄식 구성과 미괄식 구성을 소개해드렸었죠. 두괄식 화법 역시 결론이나 핵심을 먼저 말하는 '결론부터 말하기 전략'을 뜻합니다. 아래 예시를 살펴보겠습니다.

1	경기 불황이 계속될 것으로 보입니다.
2	전년 대비 가격은 비슷할 것으로 전망됩니다.
3	전년 대비 수입량도 비슷할 것으로 전망됩니다.
결론	산업과 관련하여 크게 외부 이슈는 없을 것 같습니다.

담당자분들 프레젠테이션 컨설팅을 진행하면 이런 구성이 많이 보이곤 합니다. 하지만 고객사의 입장에서는 한국 경제보다 고객사의 산업과 관련한 이

슈가 중요하겠죠. 고객사의 입장에서 결론을 먼저 이야기한다면 이렇게 이야기해야 합니다.

결론	산업과 관련하여 크게 외부 이슈는 없는 것으로 판단됩니다. 그 이유는….
2	첫 번째, 전년 대비 가격이 비슷할 것으로 전망됩니다.
3	두 번째, 전년 대비 수입량도 비슷할 것으로 전망됩니다.
4	마지막으로 경기 불황도 계속 지속될 것으로 보이기 때문입니다.

제안 프레젠테이션을 하는 이유는 업체를 선정하기 위해서입니다. 결론이 먼저 나오고 이유가 제시되는 두괄식 화법은 의사 결정을 하는 데 적합합니다. 결론이 먼저 나오고, 여러 근거가 제시되니 이해하기도 편하겠죠.

실제 프레젠테이션에서 시간이 길어지면 결론까지 이야기 못하고 마무리해야 하는 경우가 있습니다. 제안 프레젠테이션 경험이 많지 않은 발표자에게 두괄식 화법을 추천하는 이유입니다.

PREP

PREP은 두괄식 화법을 조금 더 구체적으로 발전시킨 화법입니다. Point, Reason, Example, Point의 약자로 영국의 전 수상 윈스턴 처칠Winston Churchill이 즐겨 사용해 '처칠식 말하기'라고도 불리죠. 핵심Point을 먼저 말하고 이에 대한 이유Reason를 설명한 후, 예시Example를 들어 다시 핵심Point을 말하는 방식입니다. 단락을 나누어, 말과 글을 구조적으로 만들기 때문에 논리적으로 말해야 할 때 효과적인 방법입니다. 두괄식 화법의 전형이죠.

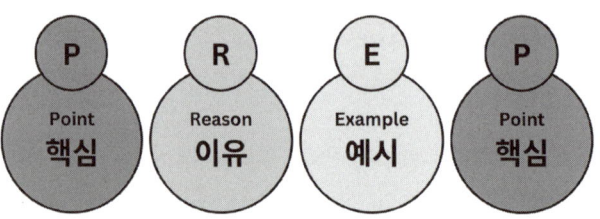

P	피티스탠다드 제안서 교육은 소규모로 진행되었을 때 가장 교육적 효과가 높습니다.
R	일방적인 강의 형태가 아니라 1:1 코칭 형태로 진행되기 때문입니다.
E	모든 인원이 본인의 제안서를 가져와서 강의를 듣고 직접 실습을 통해 제안서를 수정하는 작업을 합니다. 강사가 옆에서 코칭을 통해 제대로 수정하는지 확인하기 때문에 교육생들의 만족도가 높습니다.
P	따라서 효과적인 제안서 교육을 위해서는 10명 이내의 인원을 추천 드립니다.

PREP은 제안 프레젠테이션에 가장 적합한 화법입니다. 핵심을 앞에서 말하고 마지막에 다시 반복하기 때문에 심사위원이 핵심을 놓치지 않을 수 있습니다.

쉽게 말하기

핵심을 간략하게 말하는 방법 두 번째는 '쉽게 말하기'입니다. '쉽게 말하기'는 상대방이 이해하기 쉽게 말하는 것을 뜻합니다. 쉬워 보일 수 있지만 상대방이 쉽게 이해하기 위해서는 더 깊이 생각하고, 고민해야 합니다. 제아무리 한 분야의 전문가라도 쉽게 말하기는 어렵습니다. 쉽게 말하기 위한 3가지 방법을 살펴보겠습니다.

전문 용어는 풀어서 사용하기

쉽게 말하는 첫 번째 방법은 어려운 전문 용어는 풀어서 사용하는 것입니다. 발표장에서는 누구나 알기 쉽게 용어를 사용해야 합니다. 'ISO 인증을 받았습니다', 'HACCP 인증을 받았습니다' 하고 넘어가면 심사위원은 인증서를 받았다는 것이 어떤 의미인지 잘 이해하지 못합니다. HACCP 인증이 무엇인지 얼마나 공신력 있는지 설명이 되어야 이해할 수 있겠죠.

HACCP 인증을 받았습니다.

HACCP 인증은 고객의 깨끗한 식사를 위한 **위생 관리 시스템 인증**입니다. **식품의약품안전처 식품안전관리인증으로 현장 점검을 통해 7단계의 까다로운 검증**을 거쳐 받을 수 있는 인증이니 안심하고 드셔도 좋습니다.

✏️ 실무 노트

쉽게 말하기 위해서는 축약어, 외래어, 한자어도 피하세요.

3가지로 말하기

제안 프레젠테이션이 익숙하지 않은 분들은 첫 연습에서 반도 못 했는데 시간이 끝나 버린 경험을 하실 겁니다. 슬라이드에 나와 있는 모든 내용을 말해야 한다고 생각하기 때문이죠. 제안서에는 모든 내용을 담을지라도 프레젠테이션에는 핵심만 남겨야 합니다. 핵심을 남길 때 기준은 3가지입니다. 나열식이 아니라 중요한 내용 3가지만 제대로 전달하는 것이죠.

저희 회사는 1986년에 설립되어 1990년에 ○○ 면허를 취득했습니다. 1995년에 교육 사업을 확장하고 2000년에 L사와 업무협약을 체결했습니다. 2020년에 본사를 이전하고 현재는 100여 개의 사업체를 관리하고 있습니다. 기업 비전은 고객 만족을 최우선으로입니다. 신용평가 등급은 BB+입니다.

회사 소개 드리겠습니다.
먼저 저희 회사는 1986년에 설립되어 40여 년 동안 교육 사업 한길을 걷고 있습니다.
두 번째로 고객과의 신뢰를 최우선으로 매년 성장하는 회사입니다.
마지막으로 BB+ 신용평가 등급으로 안정적인 회사입니다.

단문으로 말하기

프레젠테이션이 길어지는 이유는 2가지가 있습니다. 발표자가 핵심이 무엇인지 모르거나, 문장이 길기 때문이죠. 문장이 길어지면 발표자는 어디에서 시작했는지 몰라 마무리하기가 어려워집니다. 심사위원은 내용이 주저리주저리 길어지기 때문에 해석을 하면서 들어야 하죠.

복잡한 내용을 설명할 때는 '눈이 온다', '설악산은 국립공원이다'와 같이 단문으로 말하세요. 2개 이상의 절로 된 문장인 복문과 달리 쉽게 이해할 수 있다는 장점이 있죠.

저희 제품은 가성비가 높은데 그 이유는 가장 높은 가격을 가진 회사에 비해서 10%정도 저렴한 가격이고, 성능 면에서는 결코 뒤지지 않기 때문입니다.

저희 제품은 가성비가 높습니다. 첫째, 경쟁사 대비 10% 가격이 저렴합니다.
둘째, 성능 면에서는 최고를 자랑합니다.

> **✏️ 실무 노트**
>
> 프레젠테이션을 녹음해 주로 단문으로 말하는지, 복문으로 말하는지 확인해 보세요. 복문이 있다면 단문으로 나누어야 합니다.

📝 네 번째, 전문가는 기본에 충실한다

목소리는 타고나는 걸까요? 타고나지 않는 걸까요? 강의에서 질문을 던지면 대부분의 교육생들은 타고나야 한다는 답변을 합니다. 물론 타고나야 하는 부분이 없는 것은 아니지만, 훈련을 통해 충분히 나아질 수 있습니다.

성대는 목에 위치한 얇은 근육으로 목소리를 내는 기관입니다. 많은 분들이 성대가 타고나야 목소리가 좋을 거라 생각하지만 정작 목소리 좋은 사람의 성대와, 그렇지 않은 사람의 성대 모양은 큰 차이가 없다고 하죠. 오히려 목소리를 결정하는 것은 자세, 표정, 호흡, 발성 등 다양한 요소들이 있습니다. 목소리가 제안 프레젠테이션의 당락을 결정하는 것은 아니지만, 좋은 목소리는 전달력을 높일 수 있다는 장점이 있습니다.

☑️ 목소리의 기본기 호흡, 발성, 발음

제안 프레젠테이션 장소는 좁은 회의실부터 대형 강연장까지 각양각색입니다. 마이크가 있는 경우도 있지만 없는 경우도 비일비재합니다. 제안도 좋고, 프레젠테이션 연습도 충분히 했는데 발표장에서 목소리가 작거나, 말이 빨라 결과가 나오지 않는다면 아쉽겠죠.

여러분이 아나운서처럼 말할 필요는 없습니다. 하지만 기본적으로 목소리와 발음 연습은 필요합니다. 타고난 목소리만이 전부는 아닙니다. 누구나 꾸준히만 연습한다면 잘할 수 있는 목소리의 기본기를 살펴보겠습니다.

호흡

호흡은 발표자에게 가장 기본이 되는 요소입니다. 자동차의 연료라고 생각하시면 됩니다. 연료의 양이 많아야 자동차가 멀리 갈 수 있는 것처럼 호흡이 길어야 소리를 안정적으로 낼 수 있습니다.

> **아래 사항에 해당한다면 복식호흡을 연습하세요.**
> - 프레젠테이션만 하면 말이 빨라진다.
> - 프레젠테이션 후반부로 갈수록 숨이 가빠진다.
> - 말하다 보면 입에서 '습' 소리가 난다.

안정적인 호흡을 위해서는 복식호흡을 연습해야 합니다. 복식호흡은 복근까지 호흡을 길게 들이마시고 천천히 내뱉는 것입니다. 어깨와 가슴이 최대한 움직이지 않으며 코로 들이마시고, 입으로 뱉는 호흡이죠. 들이마시는 것보다 천천히 내쉬는 것에 집중해 보세요. 의자에 앉아 허벅지에 배가 닿게 하여 복습호흡을 느껴 가며 연습하면 도움이 됩니다.

> **✏ 실무 노트**
> 복식호흡의 반대는 폐로만 호흡하는 흉식호흡입니다. 긴장하게 되면 심박수가 빨라지면서 흉식호흡이 잦아집니다. 말을 하거나, 호흡을 할 때 어깨와 가슴이 움직인다면 흉식호흡을 하고 있다는 뜻입니다.

발성

발성은 소리를 멀리 보내는 방법입니다. 큰 장소나 사람들이 많은 발표장에서는 보통 마이크가 있지만, 마이크가 없는 경우는 목소리를 크게 내야 하겠죠. 그런데 큰 목소리를 조금만 내도 목이 아프거나 쉰다면 발성을 연습해야 합니다.

아래 사항에 해당한다면 발성을 연습하세요.

- 목소리가 작아서 잘 안 들린다.
- 말을 하면 목이 빠르게 쉬고 잠긴다.
- 답답한 소리가 나온다.

발성을 잘하기 위해서는 입 안의 공간을 확보하고, 입을 열었을 때 목젖이 보여야 합니다. 거울을 보고 목젖이 보이게 목구멍 아치를 둥글고 넓게 만들고, 혀 뿌리를 내린 후 입을 크게 벌리는 연습을 해 보세요.

발음

발음은 입안의 공간이 넓을수록 정확합니다. 발음이 부정확한 분들을 보면 공통적으로 입술을 거의 움직이지 않죠. 옹알이하듯 발표하면 발음이 새고, 전달력이 떨어져 발표자에 대한 신뢰가 낮아지게 됩니다.

아래 사항에 해당한다면 발음을 연습하세요.

- 웅얼거린다는 소리를 듣는다.
- 혀 짧은 소리가 난다는 이야기를 듣는다.
- 말이 빨라지면서 발음이 뭉개진다.

정확한 발음을 위해서는 2가지를 신경 써야 합니다. 첫 번째는 입술입니다. 발음이 부정확한 분들을 보면 모음 발음이 부정확한 경우가 많은데, 모음 발음이 좋아지려면 입술을 움직여야 합니다. 발음을 연습할 때 입술을 위 아래로 크게 벌리면서 모음 발음을 연습하세요. 두 번째는 혀의 위치입니다. 모음이 입술과 관련 있다면 자음은 혀의 위치와 관련 있습니다. 혀의 위치가 정확한 곳을 짚어야만 발음이 정확해집니다. 입술과 혀의 위치를 신경 쓰며, 정확하게 발음하는 연습을 꾸준히 해 보세요.

목소리에 변화를 주자

아무리 좋은 목소리라도 똑같은 속도, 똑같은 톤, 똑같은 크기로 이야기하면 지루할 수밖에 없습니다. 비슷한 내용을 여러 번 들어야 하는 심사위원이라면 더 집중하기 어렵겠죠. 긴 연습이 필요한 호흡, 발성, 발음과 달리 목소리 변화는 지금 바로 여러분의 프레젠테이션에 적용할 수 있습니다. 목소리에 변화를 줘 심사위원이 주목하는 프레젠테이션을 만들어 보겠습니다.

크기 변화

제안서를 작성할 때 중요한 내용은 강조 표시를 합니다. 심사위원이 중요한 내용을 놓치지 않도록 굵기, 밑줄, 컬러 등에 변화를 주죠. 프레젠테이션도 마찬가지입니다. 심사위원이 중요한 내용을 놓치지 않도록 중요한 부분에서는 목소리를 키워야 합니다. 굵게 표시되어 있는 부분에서 목소리를 더 크게 내 보세요.

> 업계 최초로 시도된 AI 기술입니다.
>
> 창립 이래 단 한 건의 위생 사고도 발생하지 않았습니다.
>
> 창의적인 디자인을 통해 풍요로운 도시 공간을 창출합니다.

실습을 처음 진행해 보면 스스로는 목소리를 크게 냈다고 생각하지만, 생각보다 평소와 큰 차이가 나지 않는 경우가 많습니다. 아무리 크게 목소리를 내도, 결국 기준은 내가 아니라 청중이 되어야 합니다. 청중이 들을 때도 강조하는 지점은 확실하게 들려야 합니다. 목소리를 더 크게 하는 것이 부담스럽다면, 반대로 강조되지 않은 부분을 작게 읽는 방법도 좋습니다.

반대로 작은 목소리가 필요한 경우도 있습니다. 과오, 부족한 부분 등 부정적인 이야기를 해야 하는 경우죠. 이때는 평소의 절반 정도로 목소리를 낮추는 겁니다. 굵게 표시되어 있는 부분에서 목소리를 더 작게 내 보세요.

> 작년 대비 소폭 하락할 것으로 전망합니다.
>
> 안전 사고 발생률이 다소 높았던 지난 해였습니다.
>
> 고객 만족도 지수가 작년 대비 하락하였습니다.

목소리를 크게 내는 것보다 오히려 목소리를 작게 내는 것이 더 어려울 수 있습니다. 목소리를 낮추는 것이 어색하다면, 반대로 강조되지 않은 부분을 크게 읽는 방법도 좋습니다.

> **🖊 실무 노트**
>
> 부정적인 이야기를 해야 하는 경우, 목소리와 함께 표정도 신경 써 주세요. 부족했던 부분을 인정하고, 앞으로의 다짐과 약속을 진심을 담아 읽는다면 발표자의 진정성을 전달할 수 있습니다.

속도 변화

말의 속도가 빨라지는 데는 2가지 이유가 있습니다. 첫 번째는 긴장입니다. 긴장을 해서 심박수가 빨라지고, 호흡이 짧아지니 말이 자연스럽게 빨라지는 것입니다. 이때는 잠깐 멈춰 복식으로 깊은 호흡을 해 보세요. 안정을 찾고, 제 페이스를 가져갈 수 있습니다. 두 번째는 주어진 시간보다 전달할 말이 많기 때문입니다. 이때는 안정적인 속도를 유지할 수 있도록 내용을 줄여야 합니다.

말은 보통 1분에 350~400자를 하는 것이 적당합니다. 기본 속도는 지키되 청중의 연령, 발표장, 제안 내용에 따라 속도 조절을 통해 여유와 자신감 넘치는 프레젠테이션을 위해 고려해야 할 부분을 알아보겠습니다.

■ 1. 청중의 연령

연령대에 따라 말의 속도가 크게 달라지죠. 듣기 편한 말의 속도도 연령대마다 다릅니다. 그러므로 청중의 연령에 맞춰 말의 속도를 조절할 필요가 있습니다. 신입사원, 대리 등 젊은 청중들을 대상으로 한 프레젠테이션은 다소 속도감이 있어도 괜찮습니다. 반면 이사, 대표 등 연령대가 높은 대상의 프레젠이션은 말을 따라잡으실 수 있도록 속도를 천천히 해야 합니다.

■ 2. 발표장

장소에 따라서도 말의 속도를 조절하는 것이 좋습니다. 발표장이 강당, 넓은 회의실이라면 목소리가 울린다거나, 잘 들리지 않는다거나 하는 등 목소리를 방해하는 요소가 많아 천천히 전달하는 것이 유리합니다. 반대로 발표장이 상대적으로 좁은 공간이라면 다소 속도감 있게 프레젠테이션을 진행해도 괜찮습니다.

■ 3. 제안 내용

마지막으로 내용에 따라서도 말의 속도를 조절할 수 있습니다. 강조할 내용, 숫자나 긴장감이 필요한 내용에서 천천히 말하는 겁니다. 심사위원은 그 내용이 중요하다는 것을 쉽게 눈치챌 수 있겠죠. 굵게 표시되어 있는 부분만 천천히 말해 보세요.

> 두 사업을 연계한다면 **시너지 효과를** 낼 수 있습니다.
> 하고 싶은 말이 아니라 **듣고 싶은 말을** 해야 합니다.

멈춤

멈춤에는 2가지 방법이 있습니다. 우선 의미를 정확히 전달하기 위해 잠시 말을 끊는 멈춤이 있고, 다음은 강조하기 위해 단락을 충분히 끊는 멈춤이 있습니다.

■ 1. 의미 전달

우선 멈춤으로 의미를 정확히 전달하는 방법을 보겠습니다. 다음 문장을 읽어 볼까요?

| 철수는 영희와 순희를 불렀다. |

별다른 뜻은 없어 보이죠. 하지만 여러분이 이 문장 어디서 멈췄느냐에 따라 이 문장의 뜻이 완전히 달라질 수 있습니다.

| 철수는 | **멈춤** | 영희와 순희를 불렀다. |

| 철수는 영희와 | **멈춤** | 순희를 불렀다. |

멈춤을 포함해 읽어 볼까요? 청중 입장에서 첫 번째 문장은 철수가 영희와 순희를 부른 것으로 들리고, 두 번째 문장은 철수와 영희가 순희를 부른 것으로 들리겠죠. 이렇게 어디에서 끊어 읽는지에 따라 의미가 달라지고, 심지어 아예 틀린 문장이 되는 경우도 있습니다.

■ 2. 강조

다음은 멈춤으로 강조하는 방법입니다. 강조하고자 하는 말 앞에서 잠시 뜸을 들이는 것인데요, 중요한 내용을 앞두고 잠시 말을 멈추면 청중은 그 다음 말에 집중하게 됩니다. 그러면 그 다음에 나오는 말을 더 효과적으로 강조할 수 있죠. 경연 프로그램 MC가 우승자를 소개하기 전에 '오늘의 우승자는~' 하고 한참을 멈추어 심장을 쫄깃하게 만드는 것과 같습니다.

| 저희가 가장 중요하게 생각하는 가치는 | **멈춤** | 안전입니다. |

멈춤으로 강조하고자 할 때는 여러분이 생각한 것보다 2배 정도는 멈춰야 효과를 거둘 수 있습니다. 그리고 앞서서 살펴본 의미를 전달하기 위한 끊어 읽기와 차이를 두는 것도 잊지 말아야 합니다.

> **🖊 실무 노트**
>
> 파워포인트를 이용해 '멈춤'을 구현할 수 있습니다. 파워포인트가 전체화면일 때 'B'를 누르면 화면이 검정색이 되고, 'W'를 누르면 하얀색이 되는데, 이를 이용하면 순간 청중이 발표자를 주목하게 만들 수 있습니다. 중요한 내용을 앞두고 있거나, 청중의 집중도가 떨어질 때 사용하면 효과적입니다.

어미의 중요성

프레젠테이션은 고객사에게 우리 회사에 대한 확신을 주어야 합니다. 그러한 확신을 주기 위해서는 무엇보다 확신하는 어미 사용이 중요합니다.

피티스탠다드는 차별화된 기업 메시지를 전달할 수 있습니다.

피티스탠다드는 차별화된 기업 메시지를 전달할 수도 있을 것 같습니다.

어떤 어미가 확신을 주나요? '전달할 수 있습니다'로 끝나는 문장이 훨씬 간결하고, 확신이 들죠. 반면 아래 '~할 수도 있을 것 같습니다'는 그럴 수도 있고, 아닐 수도 있을 것 같은 느낌을 주기 때문에 확신을 주기 어렵습니다.

프레젠테이션에서 청중에게 신뢰를 주기 위해서는 확신하는 어미를 사용해야 합니다.

> **✎ 실무 노트**
>
> 어떤 어미를 쓰느냐도 중요하지만, 어미를 어떻게 말하느냐도 중요합니다. '다음은 회사 소개입니다~'와 같이 어미를 길게 끄는 습관이나, 말끝을 흐리는 습관은 청중이 프레젠테이션에 집중하기 어렵고, 신뢰를 주기 힘들게 만듭니다.

10장
끝날 때까지 끝난 것이 아니다

📝 돌발 상황을 슬기롭게 대처하는 자세

종종 프레젠테이션에서 돌발 상황이 발생하곤 합니다. 그리고 돌발 상황 대처 능력은 고객사가 해당 업체에 운영을 맡겼을 때, 발생할 수 있는 각종 상황에 대한 대응 능력으로 빗대어 볼 수 있는 중요한 능력입니다. 자주 경험할 수 있는 돌발 상황과 대처 방법을 알아보겠습니다.

> **✏️ 실무 노트**
>
> 돌발 상황은 통제 가능한 상황과 통제 불가능한 상황 2가지로 나뉩니다. 특히 통제 가능한 상황은 발표장에 들어가기 직전까지 꼼꼼히 체크하는 것이 좋습니다. 프레젠테이션 전 체크해야 할 사항을 미리 정리하고, 확인하는 자세가 필요하겠죠.
>
> | 통제 가능한 상황 | • 프레젠테이션 직전 고객사의 담당자가 변경 사항을 통보한 경우
• 전날 체크할 수 있는 글꼴, 마이크, 동영상 문제 |
> |---|---|
> | 통제 불가능한 상황 | • 프레젠테이션 당일 심사위원 인원 변경
• 심사위원이 발표 중 나가는 경우
• 예상치 못한 안티Anti 질문 |

📝 돌발 상황 1. 갑자기 프레젠테이션 시간을 줄이는 고객사

참여 업체가 많거나, 심사위원의 일정 변경으로 인해 프레젠테이션 시간을 줄이는 경우가 있습니다. 대개 발표 하루 전이나 프레젠테이션 당일 갑작스럽게 해당 사실을 알려 주는 경우가 많죠. 프레젠테이션 시간에 딱 맞춰 준비하는 담당자 입장에서는 준비한 프레젠테이션을 줄어든 시간에 맞춰 급하게 다시 준비해야 하니 당황스러울 수밖에 없습니다.

이럴 때는 중요도순으로 자료를 설명하고, 나머지는 질의응답으로 넘기는 방법을 추천드립니다. 이런 상황에서 시간에 맞춰 진행하면 고객사에게 깊은 신뢰를 줄 수 있습니다.

> **✏️ 실무 노트**
>
> 경쟁사와 차별화되는 점만 짚고, 그렇지 않은 경우 '다른 회사들과 큰 차이가 없습니다'라고 이야기하셔도 좋습니다.

☑ 돌발 상황 2. 기계의 오류

분명 회사에서는 잘 작동하던 물건이 발표장에 오니 갑자기 작동하지 않는 상황을 겪어 보신 적 있으실 겁니다. 그중 가장 흔한 것이 젠더, 폰트, 영상입니다. 프레젠테이션이 시작하고 문제를 발견하면 늦습니다. 발표장으로 가기 전, 꼭 두세 번씩 꼼꼼하게 확인하세요.

그리고 발표장에 도착한 후에도 가능하면 한 번 더 체크해야 합니다. 시간을 낼 수 없다면, 프레젠테이션 직전 팀원들이 심사위원에게 자료를 나눠 주는 아주 잠깐의 시간 동안에라도 꼭 확인하세요.

발표장에 노트북에 맞는 젠더가 없는 경우	• 다양한 종류의 젠더를 준비
폰트가 깨지는 경우	• 범용적으로 사용하는 '맑은 고딕체' 사용 • 폰트가 깨지지 않는 PDF 파일로 변환
영상이나 소리가 안 나오는 경우	• 발표장에 미리 도착해 확인 • 바탕화면에 영상 파일을 따로 준비

돌발 상황 3. 키맨이 당황스럽게 만들 때

제안 프레젠테이션에서 키맨의 영향력은 막강합니다. 갑자기 키맨이 프레젠테이션 도중에 질문한다면 신경 써서 답변을 하고 넘어가는 것이 좋습니다. 프레젠테이션 시간이 한정적이라면 간단하게 답변을 하고, 부족하다 싶으면 이후 마지막 질의응답 시간에 더 하고 싶은 말을 덧붙이면 됩니다.

키맨이 프레젠테이션 중 통화를 위해 나갔다면 어떻게 해야 할까요? 이럴 땐 키맨이 들어왔을 때 키맨이 놓친 내용을 자연스럽게 요약, 정리해 주는 것이 좋습니다.

> **✏️ 실무 노트**
>
> 물론 키맨의 질문이 아니어도 중간에 질문이 들어왔을 때는 답변을 하는 것이 좋겠죠. 궁금한 점 때문에 다음 내용을 집중해 듣기 어려울 수 있으니까요. 궁금증을 간단하게 해소하고 프레젠테이션을 이어가는 것이 좋습니다.

돌발 상황 4. 마지막으로 하실 말씀 있나요?

프레젠테이션이 끝나고, 질의응답에 앞서 심사위원이 이렇게 물어보는 경우가 있습니다.

마지막으로 하실 말씀 있나요?

이때 여러분은 무슨 말씀을 하실 수 있으신가요? 갑작스러운 질문에 당황해서 했던 말을 반복하거나, 얼버무리다 나오는 경우가 많을 겁니다.

마지막 발언은 심사위원이 가장 마지막에 듣는 말입니다. 그러므로 마지막 발언 기회를 허무하게 날리기보다 꼭 미리 준비하세요. 가장 효과적인 말은 진정성입니다. 그냥 최선을 다하겠다가 아니라, 여러분이 얼마나 간절하고, 진정성 있는지 이야기할 수 있다면 100점짜리 마무리가 될 것입니다.

> **실무 노트**
>
> 마지막 발언을 열심히 준비했는데 기회를 주지 않는 경우도 있습니다. 이때는 '마지막으로 한 말씀드려도 될까요?'라고 양해를 구하고 준비한 마지막 발언을 이야기해 보세요. 최선을 다하는 모습으로 좋은 인상을 남길 수 있습니다.

질의응답도 프레젠테이션이다

컨설팅을 하다 보면 질의응답을 준비하지 않는 담당자가 많았습니다. 어떤 질문이 나올지 몰라, 운에 맡기기도 하더군요. 하지만 기업들의 프레젠테이션 실력이 상향평준화되고 있어 몇몇 고객사는 질의응답으로 업체의 실력을 판단하기도 하기 때문에 결코 그냥 넘어가서는 안됩니다.

질의응답은 프레젠테이션의 마지막 승부처입니다. 부족한 점수를 만회할 수 있는 마지막 기회이죠. 질의응답을 준비하는 방법을 알려드리겠습니다.

> **실무 노트**
>
> 모르는 질문이나 당황스러운 질문이 나왔을 때 일단 어떤 대답이라도 해야 한다고 생각해 답변을 하면 부작용이 따릅니다. 하면 안 되는 말을 하거나 잘못된 사실을 전달하는 실수를 저지르게 되죠.

📝 예상 질문 리스트로 당황하지 않기

예상 질문 리스트를 만들어 보세요. 이때 '설마 이런 질문이 나오겠어?', '질문이 안 나오면 어떡하지?' 같은 걱정은 거두고, 최대한 많은 예상 질문 리스트를 작성하는 것이 핵심입니다. 다음으로 리스트를 만들 때는 반드시 팀원들과 함께해야 합니다. 다양한 직급과 직무의 팀원들과 힘을 합쳐 리스트를 만든다면, 적중률도 더 높아집니다.

> 🖋 **실무 노트**
>
> 준비한 질문이 나오지 않아도 괜찮습니다. 연습이 있어야 예상 밖의 질문을 대비할 수 있으니까요.

제가 주로 작성하는 예상 질문 리스트는 다음과 같습니다. 준비한 프레젠테이션에 맞춰 항목을 설정하고, 이에 맞춰 예상 질문과 그 질문에 대한 답변, 답변자 등을 미리 설정하는 것이죠.

항목	고객 예상 질문	답변(근거 & 증거)	답변자	참고 자료
0. 공통 질문				
1. 사업 배경				
2. 수행 전략				
3. 운영 계획				
4. 서비스 계획				
5. 회사 소개				
6. 추가 제안				

답변(근거 & 증거)	근거를 분명하게 적는다.
답변자	발표장에서 우왕좌왕하지 않도록 미리 답변자를 정한다.
비고	답변을 위한 자료를 첨부한다.

> **✏️ 실무 노트**
>
> 임원, 담당 PM, 타 부서의 전문가 등 질문에 따라 미리 답변자를 구성하고 준비한다면 답변의 퀄리티가 훨씬 좋아집니다.

예상 질문 리스트를 만들었다면 팀원, 타 부서, 임원을 대상으로 최소 3번 이상 질의응답 리허설을 진행하며 부족한 부분을 보완합니다.

📝 적극적인 태도로 질의응답 시간에 눈도장 찍기

심사위원의 질문을 받아 적어 보세요. 그냥 대답만 잘하면 된다고 생각하실지 모르겠지만 심사위원의 질문을 받아 적는 것만으로 여러 이점이 있습니다.

우선 태도에서 좋은 인상을 남길 수 있습니다. 기업이 정말 이번 제안 프레젠테이션에 진심으로 임하고 있다는 뉘앙스를 줄 수 있죠. 다음으로는 심사위원의 질문 의도를 정확히 파악할 수 있습니다. 긴장되고, 떨리는 상황에서 긴 질문이나, 여러 개의 질문을 받게 되면 질문을 놓치는 경우가 많습니다. 이때 질문을 잘 적어 놓으면 질문의 의도를 놓치지 않고 정확하게 답변할 수 있습니다. 마지막으로 데이터 베이스로 활용할 수 있습니다. 보통 프레젠테이션이 끝나면 발표장에서 있었던 모든 일을 잊어버리기 마련입니다. 하지만 이렇게 질문들을 적어 놓으면 앞으로 진행할 프레젠테이션에서 질문을 예상하거나, 대응하기 쉬워집니다.

> **✎ 실무 노트**
>
> 스마트폰의 녹음 기능을 이용해 보세요. 심사위원의 질문과 함께 내가 어떻게 답변했는지도 확인할 수 있습니다.

☑ 안티 질문에 현명하게 대처하기

안티 질문은 기업의 허점을 드러내고, 공격하기 위한 질문입니다. 말이 안 되기도 하고, 들으면 화도 나지만 여기에 휘말려서는 안 됩니다. 제안 프레젠테이션에 참여했을 때, 함께 간 회사 대표님이 안티 질문에 흥분하며 대응했습니다. 한 심사위원이 대표님 입장에선 말도 안 되는 질문을 했던 겁니다. 제안요청서만 꼼꼼히 읽어 보아도 알 수 있는 내용을 질문하니 화가 났던 거죠. 하지만 안티 질문에 흥분하면 점수를 잃는 건 여러분입니다.

안티 질문을 들었을 땐 여유롭게 대응하세요. 바로 대응하지 말고, 아래 문장을 이용해 잠깐 쉬고 천천히 대응하셔도 좋습니다. 안티 질문을 들었을 때 바로 답을 하면 횡설수설하게 될 가능성이 높습니다.

- 좋은 질문 감사합니다.
- 예리한 지적 감사합니다.
- 충분히 궁금해하실 만한 질문을 주셨습니다.
- 제 발표가 미흡했던 것 같아 다시 설명드리겠습니다.

질문의 내용을 다시 정리하는 방법도 있습니다. 심사위원의 질문을 정확하게 이해했는지 확인도 하고, 질문을 하지 않은 다른 심사위원도 질문에 대한 답을 들을 수 있게 하기 위한 것이죠.

- 인테리어 공사 시 진행시간과 프로세스에 대해 질문 주셨습니다.
- 저희가 개발한 ERP시스템이 적용된 회사에 대해 질문 주셨습니다.

추가 질문에 적극적으로 대처하기

심사위원은 질문에 대한 답변이 충분하지 않다고 판단되면 추가 질문을 합니다. 추가 질문이 나온다는 건 제대로 답변하지 못했다는 뜻이겠죠. 첫 답변으로 시원하게 마무리하기 위해서는 답변용 자료를 따로 준비해 놓는 것도 방법입니다.

실무 노트

답변을 위한 자료까지 총 2개 파일을 준비하는 경우가 있습니다. 이 경우 파일이 헷갈릴 수 있으니, 슬라이드 숨기기 기능을 사용해 필요한 슬라이드를 숨겨 마지막 슬라이드 뒤에 배치하세요. 슬라이드 숨기기 기능은 [슬라이드 쇼] 탭의 '슬라이드 숨기기'를 클릭하면 사용할 수 있습니다.

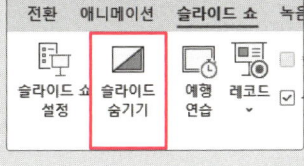

📝 한발 더 나아가는 자세가 필요하다

프레젠테이션이 끝나면 아쉬움이 많을 남을 겁니다. 1년에 100번 넘게 제안 프레젠테이션을 한 저도 2~3번 정도를 제외하고는 모두 만족스럽지 못했죠. 그런 아쉬움을 줄이기 위해서 프레젠테이션이 끝나고 나면 그날 들어온 심사위원이 어떤 사람이었는지, 프레젠테이션의 분위기가 어땠는지, 어떤 부분에서 반응이 좋았고, 어떤 부분이 좋지 않았는지 등 프레젠테이션 동안 있었던 모든 일을 적었습니다.

제안 프레젠테이션으로 수십~수천억 원의 사업 결과가 좌우된다고 생각하면 부담스럽고 피하고 싶은 것이 사실입니다. 하지만 제안 프레젠테이션은 한 번이 끝이 아닌 경우가 많습니다. 사업이 종료될 때마다 입찰에 참여해 몇 번의 시도 끝에 수주하는 경우도 있죠. 그러니 반드시 기회가 다시 온다고 생각하고, 기회를 놓치지 않기 위해 프레젠테이션이 끝나고 나면 꼭 모든 과정을 복기하세요. 한 번의 질문은 놓칠 수 있지만, 이후에 같은 질문을 다시 놓친다면 실력이 없는 것입니다.

이 책이 제안서를 쓰는 데 새로운 시작과 자신감을 얻을 수 있는 계기가 되기를 바랍니다.

찾아보기

숫자
5W3H 070

B E
B2B 016
B2C 016
ESG 037

H G
How 051
Golden Circle 049

M
MECE 078

P S
PM 026
PREP 157
SWOT 분석 062

W
What 051
Why 051

ㄱ
가격평가 035
가독성 099
가로의 법칙 078
강조 102, 168
개조식 문장 101
결론부터 말하기 156
경쟁사 비교 분석표 062
계통색 120
과업내용서 037
구조화 074
구체성 099
기술평가 035

ㄴ
내부위원 040
니즈 014

ㄷ
닫힌 자세 147
도식화 121
돌발 상황 172
두괄식 090

＜ 찾아보기

ㄹ
레이아웃 113

ㅁ
메타인지 061
메타포 066
문제인식 045
문제해결형 사고 046
미괄식 090

ㅂ
발생형 문제 052
발성 163
발음 163
보색 120
비언어 커뮤니케이션 143
비용 012
비용 외 요소 012

ㅅ
사례 085
사실 084
산세리프 116
설정형 문제 052
세로의 법칙 077

세리프 116
시연 087

ㅇ
아이 컨택 145
안티 질문 178
앵커링 068
어미 169
엘리베이터 스피치 155
열린 자세 147
오프닝 140
외부위원 040
유사색 120

ㅈ
자간 118
전문 용어 098
정량평가 026
정성평가 035
제스처 146
제안요청서 034
조작적 058
조작적 정의 057
증언 086
직독성 101
질의응답 175

ㅊ

차별화 전략 060
차트 124
청중 132
출처 표기 084

ㅎ

행간 119
헤드 메시지 093, 094
호흡 162

ㅋ

컬러 119
콘셉트 064
키맨 134
킥오프 미팅 015

ㅌ

템플릿 106
통계 087
통제 가능한 상황 172
통제 불가능한 상황 172

ㅍ

퍼스트 펭귄 028
평가항목 035
포인터 135
폰트 115
표 123
피라미드 구조 076

진솔한 서평을 올려 주세요!

이 책 또는 이미 읽은 제이펍의 책이 있다면, 장단점을 잘 보여 주는 솔직한 서평을 올려 주세요.
매월 최대 5건의 우수 서평을 선별하여 원하는 제이펍 도서를 1권씩 드립니다!

- **서평 이벤트 참여 방법**
  - ❶ 제이펍 책을 읽고 자신의 블로그나 SNS, 각 인터넷 서점 리뷰란에 서평을 올린다.
  - ❷ 서평이 작성된 URL과 함께 review@jpub.kr로 메일을 보내 응모한다.
- **서평 당선자 발표**

  매월 첫째 주 제이펍 홈페이지(www.jpub.kr)에 공지하고, 해당 당선자에게는 메일로 연락을 드립니다.
  단, 서평단에 선정되어 작성한 서평은 응모 대상에서 제외합니다.

독자 여러분의 응원과 채찍질을 받아 더 나은 책을 만들 수 있도록 도와주시기 바랍니다.